おカネは、貯金に頼らずに守りなさい。

「将来が不安……」がなくなる唯一の具体的方法

Tomotaka Taguchi
田口智隆

きずな出版

「貯金バカ」度を見極めるチェックシート

①	スマートフォンは三大キャリア（ドコモ、au、ソフトバンク）のどれかを使っている	YES NO
②	給料日、ATMに並んで現金を引き出す	YES NO
③	新築マイホームを買うのが目標、あるいはすでにローンで購入した	YES NO
④	自分の意見より、友人の意見を尊重することが多い	YES NO
⑤	「お金儲けは悪いこと」だと思っている	YES NO

⑥	景気が悪いときこそ 節約・貯金を徹底する	YES NO
⑦	貯金はゆうちょ、保険は かんぽを利用している	YES NO
⑧	ファストフードを週に1回以上 食べている	YES NO
⑨	「いまの会社は居心地がいい」 と感じている	YES NO
⑩	給料を毎月コツコツと 貯金している	YES NO

診断結果は次ページ

診断結果

YESが 8〜10	自己破産まっしぐらかも。 重症です。
YESが 5〜7	一生、貧乏生活。 いますぐ貯金をやめましょう。
YESが 3〜4	せいぜい小金持ち止まり。 このままではお金を失う 可能性があります。
YESが 0〜2	お金持ちになる才能が あります。このまま読み進めて 資産を築いてください。

はじめに

お金持ちほど、貯金に頼らない――。

このような事実があるとしたら、あなたは信じられるでしょうか。


「貯金がたんまりあるから、お金持ちなんでしょ？」

「収入をすべて使い切るのは、本物のお金持ちとは言えない！」

「僕も貯金をしていないけど、貧しい生活をしている……」


そんな声が聞こえてきそうです。

しかし、「世間の常識はお金持ちの非常識」であることはよくある話。

私は「お金の専門家」として活動する中で、これまで３０００人を超えるお金持ちと交流してきました。その経験から言えば、貯金に励んでいるお金持ちは圧倒的に少数派です。少なくとも私が親しくしているお金持ちの中に、せっせと貯金をしている人はほとんどいません。

そう、極端なことを言えば**「貯金は、いらない」**のです。

実際、私自身も貯金はしていません。正確に言うと、生活費の3か月分くらいは銀行口座に置いてありますが、それ以上貯金の額が増えることはありません。

にもかかわらず、私は会社勤めをすることなく、セミリタイア生活を送っています。お金との付き合い方をテーマにした講演活動や書籍の執筆など、自分のライフワークに時間を自由に使うことができています。

お金の不安にとらわれることなく、好きな仕事を好きなときにできる。このような状態を「お金のストレスフリー」と私は呼んでいますが、貯金がなくてもそれを実現できているのです。

むしろ「貯金をやめると、お金が貯まる」「貯金に頼らないからこそ、お金のストレスフリーの人生を送ることができている」ともいえます。

これこそが本書の大きなテーマです。

どうして、貯金をやめるとお金が貯まるのか?

どうすれば、お金のストレスフリーを実現できるのか？

その秘密については段階を踏んであきらかにしていきますが、世の中の現実に目を向ければ、日本人のほとんどは貯金することに執着しています。

「貯金をしていれば大丈夫」

「貯金こそが正義」

こんな意識をもつ人は少なくありません。そういう人は貯金の額が増えれば安心し、反対に減れば不安になります。もしかしたらあなたも、なんとなくお金を銀行に預けて、貯金額の多寡や増減に一喜一憂しているかもしれませんね。

しかし、私はこのように貯金の呪縛《じゅばく》にとらわれている人を**「貯金バカ」**と呼んでいます。

ちょっと言葉がキツイですね。気を悪くされたなら謝ります。

しかし、あえて強烈な言葉を使うのは、長い年月をかけて日本人の心に棲《す》みついた「貯金神話」を簡単に崩すことはできないと考えたから。貯金を絶対視している人たちに目を覚ましてもらいたいのです。

日本人の多くが「貯金をしていれば安心」というところで思考が停止しています。

どうすればお金を増やすことができるのか、自分の頭で考えずに漫然と貯金している……そういう思考停止状態を「貯金バカ」と表現しているのです。

たしかに貯金の額面が減らずに増えていけば、豊かになっているという気分になるかもしれません。

しかし、それはお金の表面しか見ていません。お金の本質を知れば「貯金していれば安心」という発想にはならないはずです。

お金持ちはそのことに気づいているから、自らの資産を増やし、お金のストレスフリーの状態を手に入れることができたのです。

お金持ちだけが気づいているお金の本質とは……くわしいことは第1章でお伝えするので、興味をもった人はぜひこのまま読み進めてください。

貯金に頼ってはいけない——。

この原則は老若男女、誰もが当てはまります。

本書の内容は、20代の若者はもちろん、30～40代の働き盛りの人、50～60代の定年を控えている人、70～80代の終活が視野に入っている人、基本的にすべての人に役立

つ「お金の戦略」です。

「お金のストレスフリー」の状態に近づくことで、明るい未来を手に入れることができます。そして、「貯金がいちばん」と思っている人にこそ、本書を読んでほしいと考えています。あなたがとらわれていたお金の常識を捨てて、お金持ちが実践している新しいお金の常識を身につけることで、これまでの延長線上にはない、まったく異なる人生を手に入れることができます。

いまからでも決して遅くありません。

早速、最強のお金の戦略を知るための一歩を踏み出しましょう。

今日から貯金だけに頼ることはやめて、本当の一生の安心を手に入れてください。

※「貯金」という言葉は、狭義ではゆうちょ銀行やJAバンクなどに預けたお金を指すことがありますが、本書では「銀行にお金を貯めておくこと」という広義の意味で使用しています。

第1章

ただ貯金をしているだけでは、お金は腐っていく！

第2章

「貯金バカ」の末路

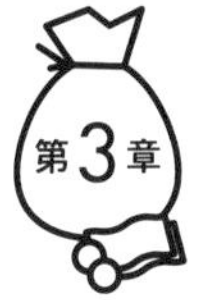

結局、お金持ちは「コレ」をやっている

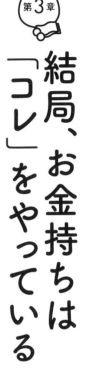

第4章

貯金はゼロにして、すべて投資にまわそう
―「資産形成期」でやるべき具体的行動

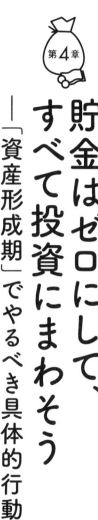

第5章 増えたお金を、さらに増やす方法 ―「資産運用期」にやるべき具体的行動

最終章

お金は「使う」から価値をもつ

※本書における情報は、あくまで情報提供を目的としたものであり、いかなる投資の推奨・勧誘をおこなうものではありません。
本書の内容は２０２０年４月１日時点の情報を記載したものであり、法律・制度・商品内容などは予告なく変更される場合があります。

本書の情報を利用した結果として何らかの損失が発生した場合、著者および出版社は理由のいかんを問わず、責任を負いません。投資にかかわる最終決定はご自身の判断でお願い致します。

第1章

ただ貯金をしているだけでは、お金は腐っていく!

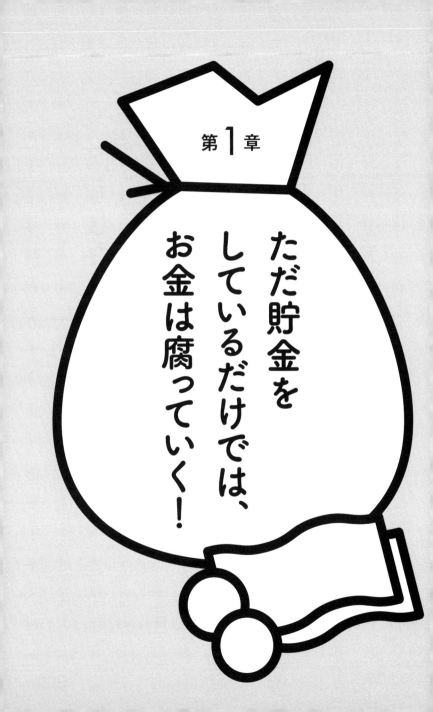

「何もしなければ「お金の価値」は下がっていく」

お金は裏切る

あたりまえですが、お金は現代人が生活をするうえで、なくてはならないものです。お金をたくさんもっていれば欲しいモノが買え、豊かな暮らしもできます。

もちろん、「人生はお金がすべて」という考え方は肯定できませんが、現実にはお金でたいていの欲求は満たすことができます。

だからこそ、人はお金を貯めます。お金をたくさんもっていれば安心だからです。いつでも欲しいモノを買えるし、いざというとき役に立ちます。「お金だけは裏切らない」という人さえいます。

しかし、正直にいいましょう。

お金は裏切ります。

じつは、そのまま銀行に預けているだけでは価値が下がっていくのです。

「お金の価値が下がっていく」とは、どういうことでしょうか。

人はモノ（商品）をお金と交換することで暮らしています。お金があるから食事や生活ができます。

ところが、モノの値段は一定ではありません。値下がりすることもあれば、値上がりすることもあります。消費者にとって値下げは歓迎かもしれませんが、近年多くのモノは値上げの傾向にあります。

定期的にスーパーで買い物をする人なら、それを実感しているかもしれません。最近は乳製品や調味料、即席めん、菓子やアイスなどの価格がじりじりと上昇しています。２０１９年10月には消費税が８％から10％に引き上げられ、当然モノの値段も上がりました。

つまりは、昨日まで２５０円で買えていた牛乳が、今日から２８０円出さないと買えなくなってしまったということ。**これはお金の価値が下がり、モノの価値が上がっ**

たことを意味します。

このようにモノやサービスの物価が持続的に上昇していくことを経済用語で、「インフレーション」（以下インフレ）と言います。反対に、物価が下落していくのが「デフレーション」（以下デフレ）です。

インフレが続く社会ではお金の価値はどんどん下がっていき、デフレの社会ではお金の価値は上がっていくのです。

100円以上、値上がりした牛丼

「数十円の値上がりはたいしたことない」と感じる人もいるかもしれませんが、長いスパンで見ると、インフレの影響度は小さくありません。

たとえば、牛丼の値段。牛丼並盛の一杯の値段はいくらでしょうか？

大手の「吉野家」を例にとると、2001年の牛丼並盛は280円でした。当時はデフレ時代の真っただ中で、牛丼に限らずあらゆるものの価格が下がっていきました。

その後、牛丼並盛は値上げと値下げを繰り返し、2013年に280円、2014

年4月に300円、2014年12月以降は380円に落ち着き、2019年の消費税増税で387円に値上げされました（2020年3月現在）。

つまり、6年間で吉野家の牛丼並盛の値段は100円もアップしたことになります。280円の時代は1000円で3杯の牛丼を食べられましたが、現在では2杯しか食べられません。これは、お金の価値が大きく下がったことを意味します。

ちなみに、マクドナルドのハンバーガーはどうでしょうか。

2002年のデフレ時代、ハンバーガーの単品は59円でした。その後、紆余曲折がありいまは110円です（2020年3月現在）。20年弱で倍近くも値上がりしています。

みなさんが大好きな東京ディズニーリゾートのチケットも値上がりしています。

通常のワンデーパスポートは、1983年のオープン当時は3900円でした。その後、徐々に値上がりし、2001年には5500円、2011年には6200円、そして2020年4月からは8200円に値上げされました。ここ10年で2000円もアップしていますから、ディズニーファンはたいへんです。

教育費も年々増加しています。

国立大学の学費（授業料＋入学料）は、１９８９年は約53万円でしたが、２０１７年には約82万円に上昇しています。

私立大学の学費は１９８９年は約83万円でしたが、２０１５年には約１１２万円にアップしています（文部科学省のデータより。図１参照）。

マンション価格もバブル崩壊が懸念されるほどに上昇を続けています。

新築マンション（首都圏）の平均価格は２００５年が４１０８万円であるのに対して、２０１９年は６１３７万円まで上昇しています。15年ほどで２０００万円も値上がりしたことになります（図２参照）。

これらの例にかぎらず、世の中ではさまざまな商品やサービスがじわりじわりと値上がりしています。短期間で見ると、たいしたことのないように感じますが、長期のスパンで見ると、家計に大きな影響を与えているのです。

[図1]

国公私立大学の授業料等の推移

年度	国立大学		公立大学		私立大学	
	授業料	入学料	授業料	入学料	授業料	入学料
単位	円	円	円	円	円	円
1975年	36,000	50,000	27,847	25,068	182,677	95,584
⋮	⋮	⋮	⋮	⋮	⋮	⋮
1989年	339,600	185,400	331,686	268,486	570,584	256,600
⋮	⋮	⋮	⋮	⋮	⋮	⋮
1998年	469,200	275,000	469,200	375,743	770,024	290,799
⋮	⋮	⋮	⋮	⋮	⋮	⋮
2008年	535,800	282,000	536,449	399,986	848,178	273,602
⋮	⋮	⋮	⋮	⋮	⋮	⋮
2017年	535,800	282,000	538,294	394,225	—	—

(注) ①年度は入学年度である。
②国立大学の平成16年度以降の額は国が示す標準額である。
③公立大学・私立大学の額は平均であり、公立大学入学料は地域外からの入学者の平均である。
出典:文部科学省のデータを元に作成

[図2]

新築マンションの価格の推移

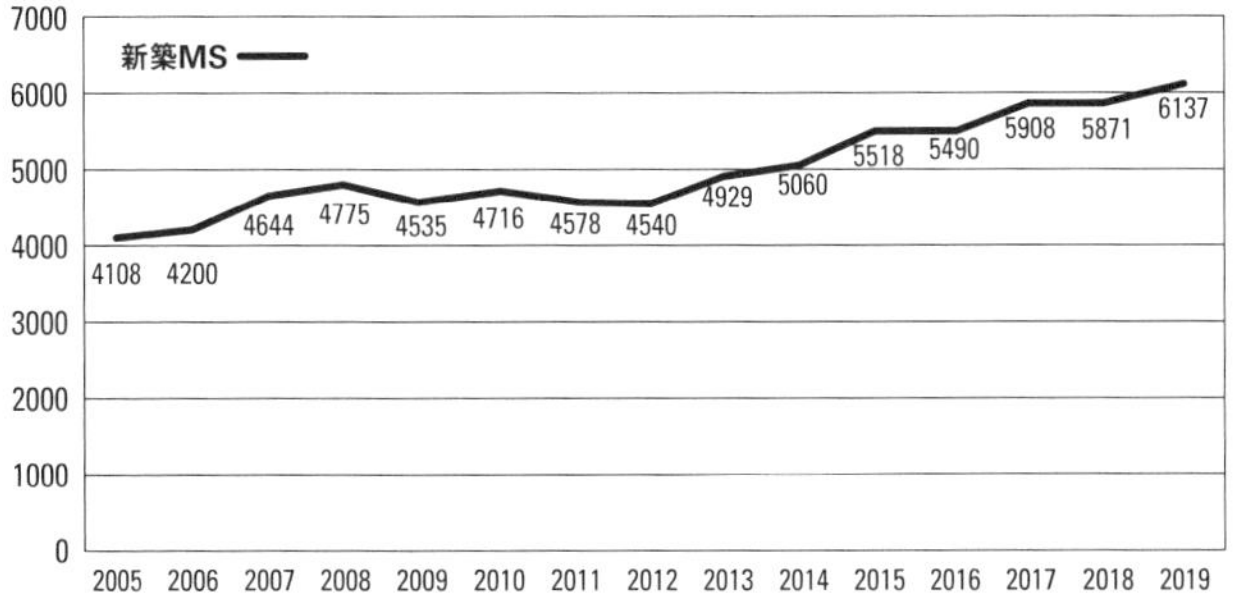

出典:不動産経済研究所発表データを参考に作成

物価は緩やかに上がり続けている

次に、もっとマクロの視点からインフレの趨勢《すうせい》を見てみましょう。

商品やサービスの価格変動をあらわす指標として、**消費者物価指数（CPI）**があります。これは、商品価格（消費者物価）の平均的な動きを測定したものです。調査が開始された1946年から高度経済成長期、バブル期を経て、消費者物価指数は右肩上がりを続けてきました（図3参照）。

1998年から2013年のデフレ期では消費者物価指数は停滞しましたが、「デフレ」という言葉からイメージされるほど落ち込みは大きくありませんでした。安倍政権のアベノミクスがスタートしてからも物価は大きく上がってはいませんが、微増が続いている状況です。

ちなみに、2020年2月の消費者物価指数は、101・9と前年から0・6%上がり、38か月連続のプラスを記録しています。総務省は**「物価の緩やかな上昇傾向に変わりはない」**という見解を示しています。

［図3］

消費者物価指数の半世紀の推移

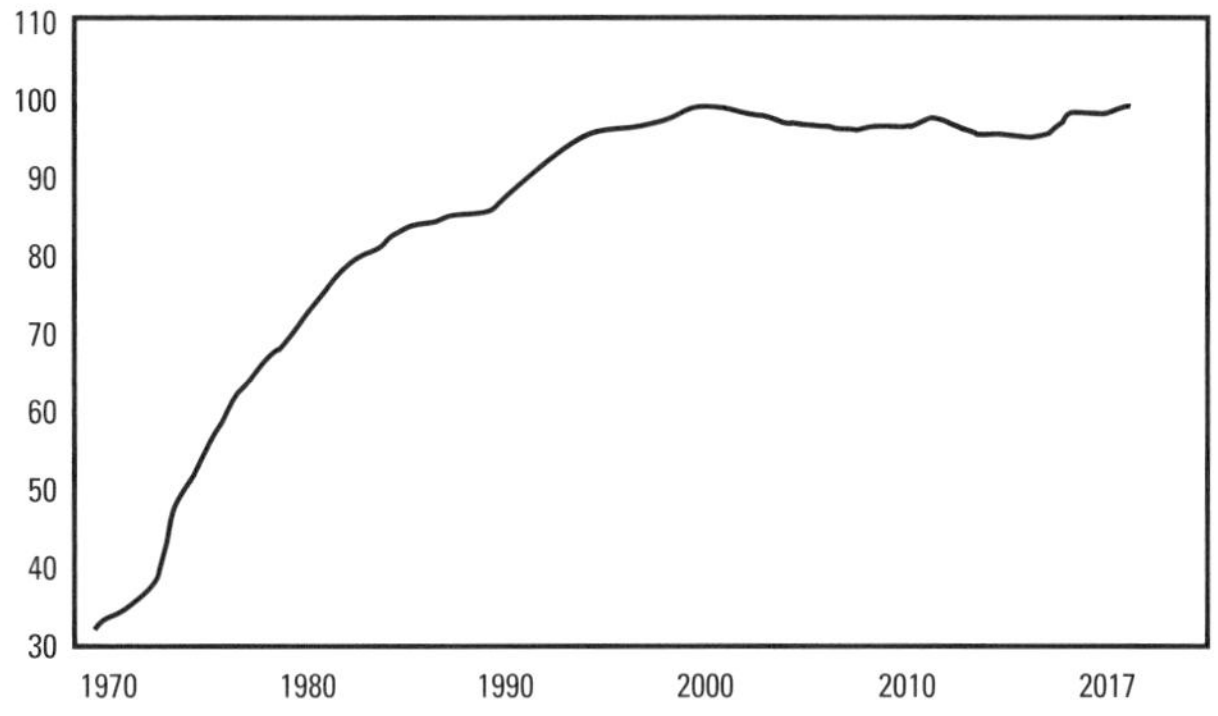

出典：総務省「消費者物価指数」より作成

ここ20年ほどは物価指数が停滞しているといえますが、少なくとも物価の下落は一時的なもので、目に見えて指数が下がっているという事実はありません。

より長いスパンで見ると、物価はずっと上昇傾向にあったのです。

しかも、日銀がインフレ目標を2%に設定しているように、国は物価の上昇を促す施策を打ち続けています（現実には2%のインフレ目標はいまだに達成できていませんが……）。

「貯金はしていても、一向に豊かにならない日本人」

貯金はお金の価値を下げる

こうしたデータや状況を勘案すると、長い目で見れば日本は物価が上昇を続けるインフレ経済であり、相対的にお金の価値が下がっていく、といえます。

そうした状況で、銀行にお金を預けていたらどうなるでしょうか。

インフレになればなるほど、お金の価値は下がっていきます。

たとえば、500万円の高級車を購入するために10年前からコツコツと貯金に励んできたとします。そして、いざお目当ての高級車を買おうと思ったら、同じ車種が550万円に値上がりしていた……ということが起きるのです。

もちろん、銀行に貯金しておけば利子がつきます。

しかし、ご存じのとおり、超低金利時代の現在、銀行の金利はすずめの涙です。**大手都市銀行の普通預金の金利は0・001%。100万円を1年間預けていても、たった10円しかお金は増えません。**

物価が下がっていくデフレ経済では、銀行にお金を寝かせておくだけでお金の価値は上がっていきます。

しかし、**戦後の日本経済の歴史において、そのようなデフレ期はほんのわずか。実際には、ずっとインフレ傾向にあり、お金の価値は相対的に下がり続けてきたのです。これからも、その傾向は続くと考えたほうがいいでしょう。**

仮に100万円を金利0・025%で銀行の普通預金に預けたとします(これでもかなり高い金利設定です)。このとき、インフレで消費者物価指数が毎年2%アップしていくとすれば、将来、100万円はどのくらい増えるでしょうか。

額面は10年後に100万2500 2円となりますが、お金の価値が減じることによって実質は82万円相当の価値しかなくなります。

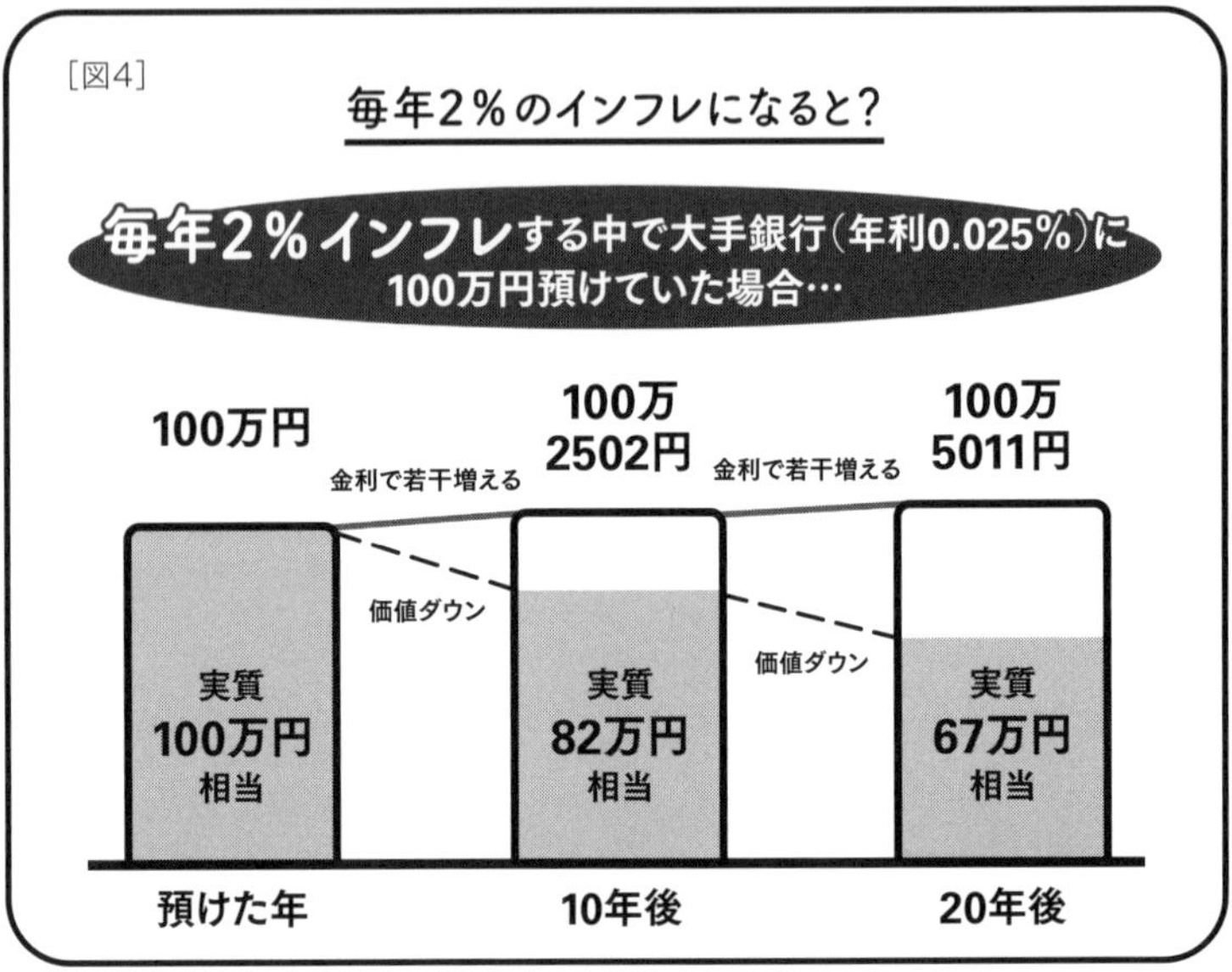

20年後はもっと悲惨です。

額面は100万5011円に増えますが、実質は67万円相当の価値になっています（図4参照）。

近年の日本で2％のインフレ率は現実的ではありませんが、インフレ率が毎年1％だとしても10年で10％、毎年0・5％の物価上昇でも10年で5％、お金の価値が下がっていくことになります。

ということは、銀行に貯金をしているだけでは、じりじりとお金の価値は下がっていくということです。

インフレに対抗するための知恵と方策が必要となるのです。

日本人の金融資産の半分が「貯金」

ところが、日本人の多くは貯金が大好きです。大切な資産の多くを銀行に預けています。

日本銀行「資金循環統計」（2019年3月）によると、約1900兆円の個人金融資産のうち53・3％を現金・預金が占めています。ちなみに保険・年金が28・6％、株式が10・0％、投資信託が3・9％となっています（図5参照）。

アメリカの現金・預金の割合が12・9％、EUが34・0％であるのと比較すると、日本人がいかに貯金に頼っているかがわかります。

保険については、終身保険など貯蓄性が高いものが多いのが現実です。満期になれば毎月払っていた保険金が返ってきますが、自分が積み立てていたお金が戻ってくるという意味では、貯金と大差はありません。

個人年金も自ら積み立てていたお金が老後に戻ってくるわけですから、やはり貯金と同じような性格のものです。

しかも、保険や年金は、保険会社などの利益が差し引かれているわけですから、文字通り万が一に備えた〝保険〟でしかなく、もちろんお金を増やすという役割は期待できません。


アメリカでは、個人の金融資産のうち株式が34・3％、投資信託が12・0％を占めています。それだけリスクをとっているということです。

もちろん、株式や投資信託は元本割れ（金融商品の価格が、投資金額を下回ること）をする可能性がありますが、投資した金融商品が値上がりし、インフレの上昇幅を上回る可能性もあります。

アメリカ人全体の傾向として、少なくとも預金のまま寝かせておくことを大きなリスクと考えているのです。

［図5］

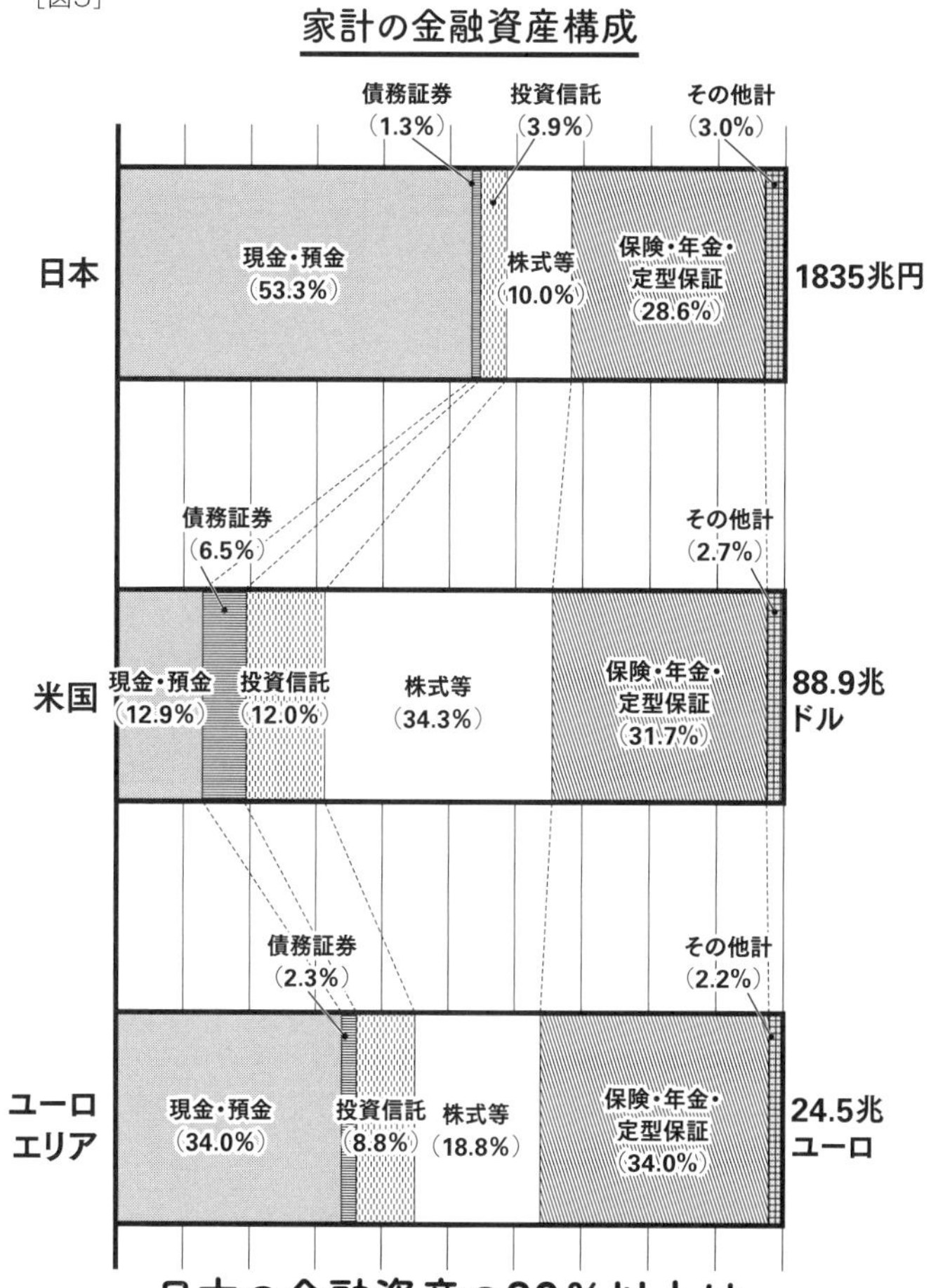

日本の金融資産の80％以上は「貯金」や「貯蓄性の高い金融資産」

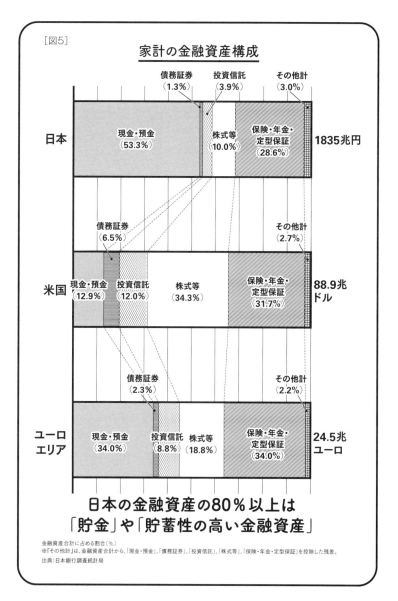

金融資産合計に占める割合（%）
※『その他計』は、金融資産合計から、「現金・預金」、「債務証券」、「投資信託」、「株式等」、「保険・年金・定型保証」を控除した残差。
出典：日本銀行調査統計局

給料は上がらず、負担ばかりが増していく……

もちろん、インフレに連動するかたちで給料が上がっていけば家計が受けるダメージを吸収することができます。

しかし、国税庁の民間給与実態統計調査によると、日本人の平均年収はバブル時代の1997年の467万円をピークに減少し、リーマン・ショック後の2009年には406万円まで下がりました。その後、アベノミクスなどによって持ち直し、2018年は441万円でした（図6参照）。

ここ何年かは数字上の給与は上昇していますが、多くの人が暮らしがラクになっているという実感はもてないようです。

私が運営するオンラインサロンや講演会などで若手会社員の人と交流する機会も多くありますが、彼ら彼女らから聞こえてくるのは「全然、給料が上がらない」という声ばかり。だからこそ、自分でお金を増やしたいと、私のもとを訪ねてくるのです。

なぜ、給与上昇を実感できないのでしょうか。

［図6］

日本人平均給与の推移

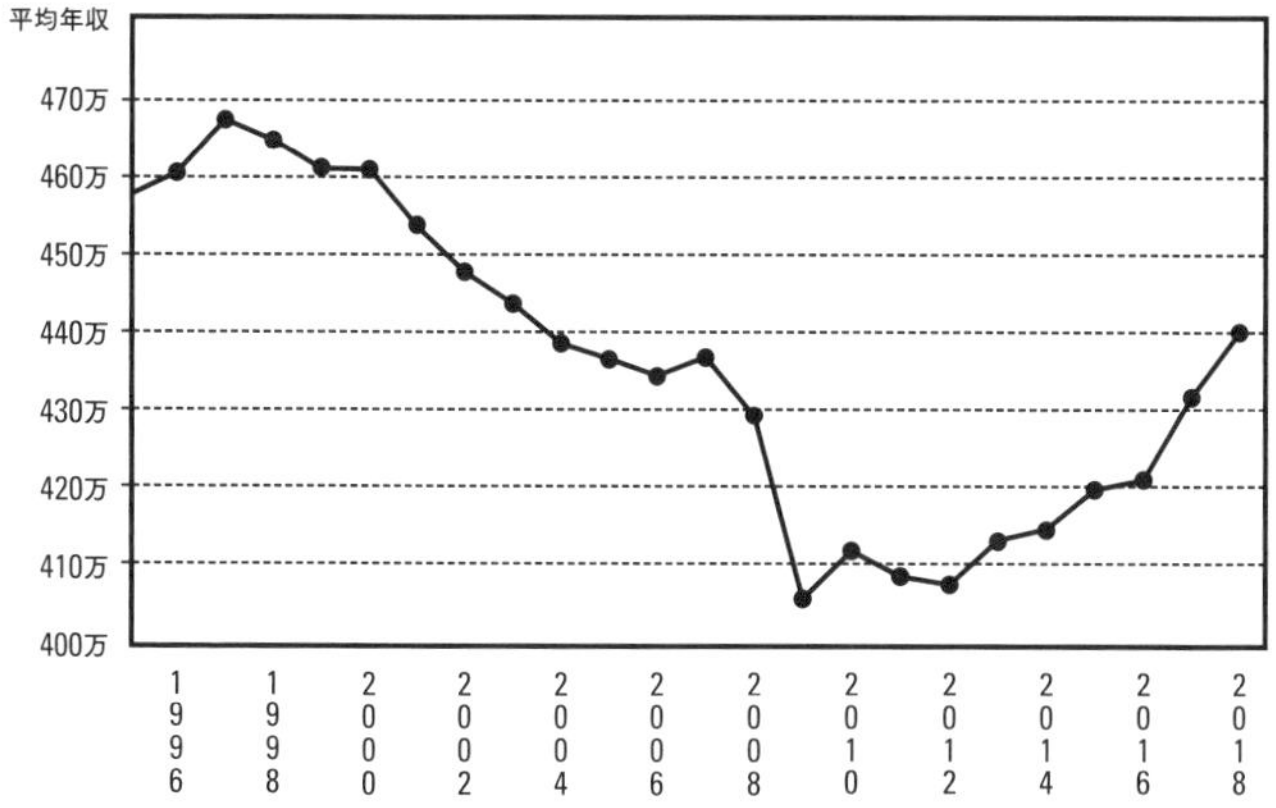

出典：国税庁「民間給与実態統計調査」から作成

その理由のひとつは、年金や健康保険、介護保険などの社会保険料がじわじわと上昇しているからです。

２００９年度と２０１９年度を比較すると、社会保険料負担が20％程度増加したといわれています。それらが給与から天引きされるので、多少給与が上がっても可処分所得は増えません。ひどい場合、社会保険料が上昇した結果、手取り額が減るというケースもあります。

さらに物価もじわじわと上がる傾向にありますから、なおさら多くの人は「家計が苦しくなっていく」と実感する結果になるのです。

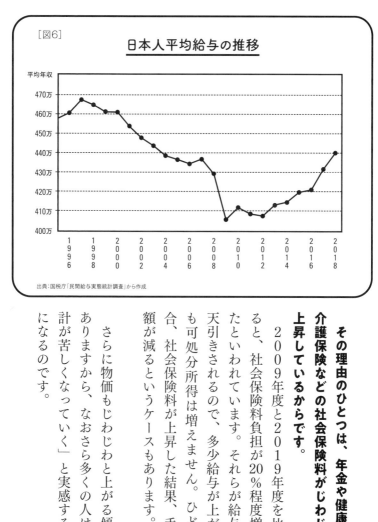

「貯金バカは「貯金しておけば安心」が口ぐせ」

思考が停止している人の共通点

インフレによってお金の価値が実質的に下がっていく。そのうえ給与は大幅に上昇することなく、天引きされる社会保険料ばかりが増えていく……。

そのような厳しい状況にもかかわらず、大半の日本人は「ひとまず貯金をしておけば安心」と考えています。

前述したように、私は、このような貯金神話を信じている人を「貯金バカ」と呼んでいます。「バカ」というのは、いささか言葉がきつく感じるかもしれませんが、**「貯金をしておけば安心」という妄信から目を覚ましてもらいたい**という思いから、あえて「貯金バカ」という言葉を使っています。

貯金バカの人は、思考が停止している状態です。

「これまで何年も貯金してきたから」

「貯金をしていれば、お金が減ることはないから」

「みんな貯金をしているから」

そのような固定観念から、とくに考えることもなく漫然とお金を銀行に預け続けています。その間にもお金は腐り続けているにもかかわらず……。**お肉やお魚と同じで、お金も銀行に預けているだけでは腐っていくのです。**

貯金バカの人は、貯金以外の面でも思考停止状態に陥っている傾向があります。

たとえば、何も考えることなく、スマホの三大キャリア(ドコモ、au、ソフトバンク)を利用している人は、思考停止状態といえるかもしれません。

「大手のキャリアだから安全だ」と信じ切っているのです。「大手企業だから信用できる」「三大キャリアだから全国どこでもつながりやすい」などと、絶対の信頼をおいています。

しかし、本当のお金持ちで三大キャリアを使っている人は少数派です。私も含めて多くのお金持ちは、いわゆる「格安スマホ」を使っています。なぜなら、格安スマホでも機能やサービス面で三大キャリアに劣るということはないからです。もちろん、格安スマホでも全国どこでもつながります。

同じような機能であれば、圧倒的に料金が安い格安スマホを使ったほうがお得です。

スマホの料金は毎月かかりますから、月額が数千円違えば大きな差になります。三大キャリアよりも格安スマホのほうが経済的に合理的な選択といえます。

一方、思考停止状態の人は「格安スマホは信用できない」「格安スマホは電波がつながりにくい」などと、自分で調べることなく思い込んでいる場合がほとんどです。

ATMに並ぶ人は思考停止状態

同じ理由で「給料日に銀行のATMの行列に並ぶ」という人も、貯金バカ（思考停止状態）の可能性が高いでしょう。

キャッシュレス社会が急激に進む昨今でも、頑なに現金主義を貫く人は少なくありません。そういう人は買い物は必ず現金なので、わざわざATMに並んで現金を口座から引き出さなくてはならないのです。

ATMの行列に並ぶのは時間のムダです。レジで現金を財布から出し入れする時間や手間もかかります。

よくスーパーやコンビニのレジで財布の中の現金を出すのに手間取って、うしろに行列をつくってしまう人を見かけますが、そういう人は結果的に自分だけでなく、ほかのお客さんや店員さんの時間も奪う結果となっています。

クレジットカードや電子マネー、スマホ決済のほうが圧倒的に支払いはラクですし、現金を求めてATMの行列に並ぶ必要もありません。

クレジットカードは1回払い、2回払いであれば金利もつきません。カードや電子マネー、スマホ決済であればポイントもつきます。しかも、2019年の消費税アップにともない、キャッシュレス決済によって支払った金額の一部がポイントで返ってくる「ポイント還元」が実施されています(2020年6月末までの予定)。

キャッシュレスのほうが便利であるうえに、金銭面でもお得であるにもかかわらず、現金にこだわる人はいまだに多くいます。

そういう人に「どうしてキャッシュレスにしないのか？」と尋ねると、「現金のほうが安心する」「クレジットカードは怖いし、あとで請求が来るのがイヤ」「手続きがめんどうくさそう」といった答えが返ってきます。いずれも根拠はありませんし、ただ考えたり行動したりするのが億劫《おっくう》なだけでしょう。

「クレジットカードや電子マネーにするとお金を使いすぎてしまうから」という理由で現金にこだわる人もいますが、これもやらない理由にはなりません。

なぜなら、現金でもキャッシュレス決済でも、浪費家の人はお金を使いすぎてしまうからです。倹約家の人は、キャッシュレス決済でも節度のある使い方をしているものです。

このように思考停止状態の人は、現状のままでよしとする傾向があります。

お金のことを少しでも真剣に考えていれば、お金の価値が減少していく状態を放置できるわけがありません。

もしあなたが思考停止状態に陥っているという自覚があるなら、すぐに目を覚ましてください。いまからでも十分に間に合います。

「お金持ちの習慣「等価交換の原則」」

お金の使い方が貧富を分ける

なぜお金持ちは思考停止にならず、将来に向けた最良の選択ができるのでしょうか。
資産を築く人は、お金を使うとき、お金と同じ価値のもの、あるいはお金の価値以上のものと交換する習慣が身についています。

先ほど格安スマホの話をしましたが、お金持ちは「スマホの料金が本当にお金の価値に見合っているのか」と考えます。その結果、「三大キャリアと機能的に遜色《そんしょく》のない格安スマホで十分」という結論に至ります。逆にいえば、三大キャリアのスマホ料金は支払うお金の価値に見合わない、というわけです。

だからといって、「安ければいい」というわけではありません。お金持ちは長いスパンでモノの価値を測っています。

一般的に「食べ物は安くておいしいに越したことはない」という人は多くいます。ジャンクフードやファストフードを好んで選ぶ人もいます。

しかし、こうしたものを食べすぎることは栄養面で偏りが出ますし、肥満などにつながります。その結果、病気にかかりやすくもなります。お金が貯まらない人は、こうした食生活から抜け出せない人が少なくありません。

一方、お金持ちは身体が資本であることをよく理解しています。食生活でもできるだけ節制し、健康によいものを摂取しようとします。

したがって「安いから」「大好物だから」という理由だけで食べ物を買いません。多少金額が高くても健康によいものを選ぶ傾向があります。

といっても、毎日、高級食材を買っているというわけではなく、バランスよく野菜を摂取したり、炭水化物をとりすぎないようにしているのです。そうした食生活を送っていたほうが、健康でいられる可能性が高まりますし、病気などによるリスクや出費を防ぐことができます。仕事にもアグレッシブに取り組めるでしょう。

つまり、資産を築く人は、お金の価値をつねに考えて、等価以上の価値のあるモノと交換しているのです。

お金が貯まるかどうかも、一事が万事、こうしたお金の使い方に左右されます。

資産を築く人がお金の価値を意識しながらお金を使う一方で、お金が貯まらない人は、価値の低いものにお金を使い、逆に資産を減らしているのです。

思考停止に陥ることなく、つねにお金との付き合い方を考えていくことが大切なのです。

貯金は生活費3か月分だけでかまわない

資産を築く人は、お金の価値と同じか、それ以上のものを交換によって得ようとします。

等価交換を念頭に置いて生活している人は、自分の資産をすべて銀行に預けていることに、当然疑問を覚えます。

「本当に貯金したままでいいのか？　等価交換の原則に反していないか」と。

先にも書いたように、お金の価値は、時間とともに減じていく可能性が高いといえます。

インフレによって貯金しているお金の価値が下がってしまうことは、等価交換の原則から外れています。そのまま放置していれば、等価どころか、損をすることになりかねないのです。

したがって、資産を着々と増やしている人は貯金をしていません。

もちろん、みんながみんな通帳の残高が0円ということはありませんが、多くは必要最低限の預金しかしていません。

現実的には、おおよそ毎月の生活費3か月分くらいは銀行口座に入っています。

ただし、それ以上の貯金は置いていません。私自身も3か月分は口座に残していますが、それ以上、金額が増えることはありません。

なぜ3か月分程度を貯金しているのでしょうか。

ひとつは、現実的にクレジットカードの請求額や公共料金などは銀行の口座から引き落とされるから。3か月分あれば十分に支払いができますし、万一すぐに現金が必要になったときも対応できます。

もうひとつは、3か月程度の期間であれば、急激にモノやサービスの価格が上がることはあり得ないからです。いまの日本で3か月後に食料品などが2割も3割も値上がりすることは、まず考えられません。

要は、お金の価値が減らない期間なら貯金に入れておいてもかまわない、というわけです。

では、お金持ちは貯金をせずに何をしているのでしょうか。

お金の置き場所として、どこを選んでいるのでしょうか。

そして、どのようにしてお金を増やしているのでしょうか。

その答えは、第3章以降であきらかにすることとしましょう。

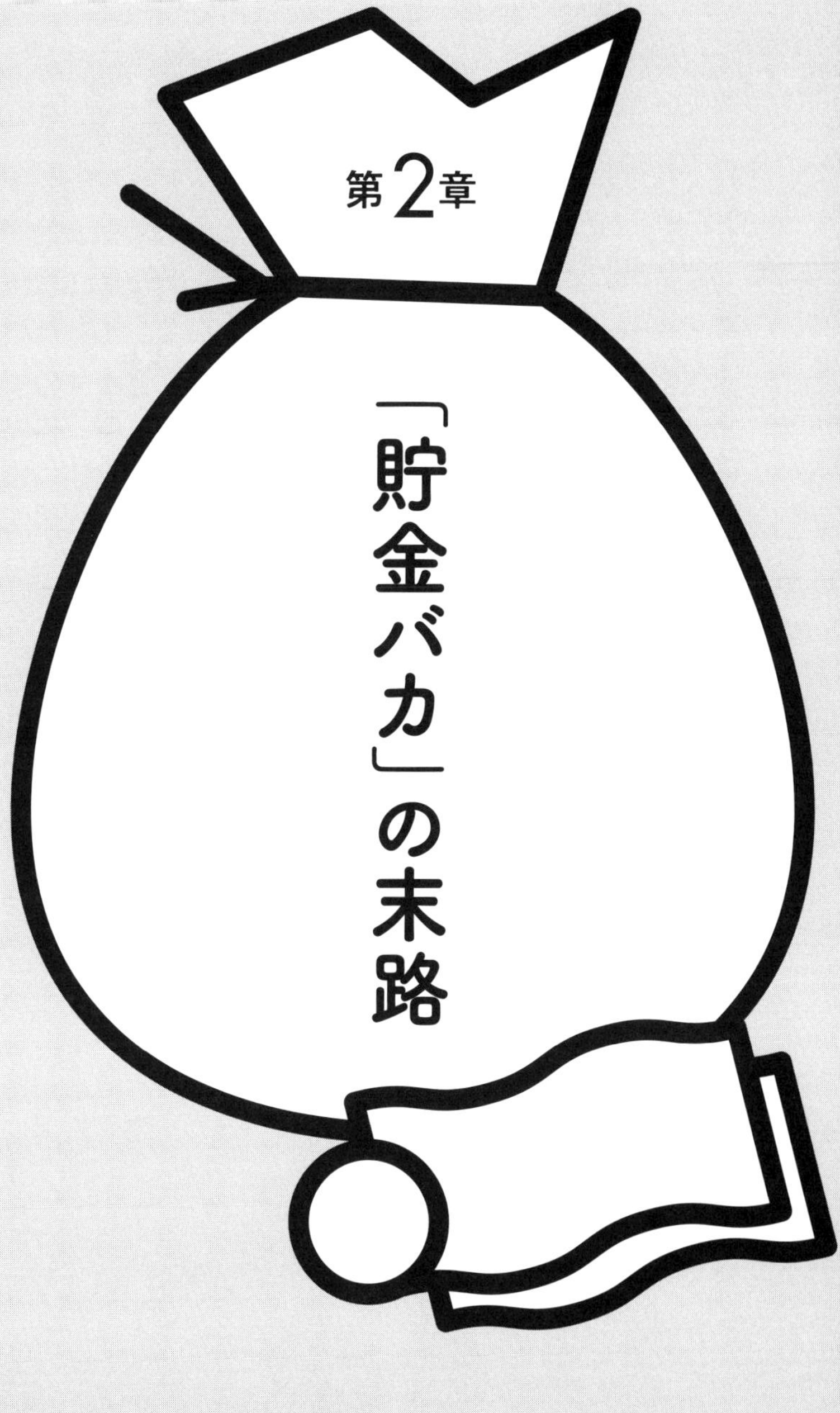

第2章

「貯金バカ」の末路

「1億円を貯めた男の末路」

なぜ、働いても働いても豊かになれないのか

「貯金バカ」である日本人は、本当に幸せなのでしょうか？

貯金がそれなりにあれば、豊かといえるのでしょうか？

もちろん、幸せや豊かさの定義は人それぞれ。せっせと節約に励み、貯金の額を増やしていくことに生きがいを感じる人もいるでしょうし、「宵越《よいご》しの銭《ぜに》はもたない」とばかりに、あるだけのお金を使い切ることに幸せを感じる人もいるでしょう。それは、その人の生き方の問題ですから否定するつもりはありません。


しかし、資産を増やしている人たちのお金の哲学や、それに基づいた実践方法を知

らないのであれば、不幸といわざるをえません。

資産を築いている人は、お金が増えていくだけではなく、自分がしたい仕事をしたり、欲しいものを購入したり、好きな場所に住めたりしています。また、趣味やライフワークに十分に時間を割くこともできています。

彼ら彼女らは、資産を増やしながらも、自分の理想とする生活を着々と手に入れ、自己実現をしているのです。

私自身も、いまは「お金のストレスフリー」といえる生活を実現しています。そして、お金の専門家として、講演や執筆活動にいそしむ日々です。その合間に趣味である旅行にも出かけて、日本や世界の各地に足を運んでいます。もちろん私にも悩みはありますが、少なくともお金にまつわる悩みやストレスはゼロの状態です。

だからこそ、ライフワークや趣味に思う存分、時間をかけることができますし、その時間に幸せを感じています。

しかし、私が見るかぎり、多くの日本人は日々の仕事に疲弊し、「お金のストレスフリー」にはほど遠い状態に見えます。

働いても働いても豊かになれない……。多くの人がそう感じているのではないでしょうか。その原因はどこにあるのでしょうか？

お金のストレスを抱えている人たちは、じつは「お金の置き場所」が適切ではないのです。

ここでは、私がこれまで見てきた、「お金の置き場所」に失敗した人のエピソードを3つお伝えしましょう。

30年以上かけて「貯金1億円」を達成したが……

北海道在住のAさんは、50代後半の男性。大学卒業後に入社した地元の中堅企業に30年以上勤めていました。

あまり仕事ができるタイプではないので、役職は係長止まりでしたが、長年同社でコツコツと真面目に働いてきたため、上司や部下からの一定の信用を得ていたようです。ただ、プライベートでは良縁にめぐまれることはなく、一度も結婚することはありませんでした。

そんなAさんの唯一の趣味は「貯金」でした。

給料はそれほど高くはなかったものの、両親の家でずっと同居していたので、給与の3分の2以上は貯金にまわすことができました。

もともと交友関係が狭く、友人や会社の同僚と飲みに行く機会もほとんどなく、恋人ができたのは一度だけ。ほかに趣味といえるものもありませんでした。

会社と自宅を往復する日々は単調でしたが、とくに大きな不満を抱えることはなかったようです。

そんな彼が54歳のとき、ついに貯金が1億円を突破しました。

家や車など大きな買い物や贅沢もすることなく、給料が出るたびにせっせと貯めてきた結果です。

Aさんは、知人にはそれとなく1億円の貯金があることをにおわせるなど、預金額に誇りをもっていたようです。

そんなAさんが、私のセミナーに参加してくれたことがあります。

「1億円ある貯金をもっと増やしたい」とのことだったので、投資することなどをすすめてみましたが、「もし元本割れしたら怖い」と頑なに拒否されました。

「それだけ元手があるのだから、お試しで100万円から始めてみては?」とも提案してみましたが、決して首を縦にふることはありませんでした。

1億円のうちの100万円でさえ投資にまわす意思がないのですから、10万円でも投資することはむずかしい、と私はそのとき思いました。

貯金に固執する人は、1円でも預金額が減ることを嫌がります。

もちろん投資はリスクがありますから、元本割れすることはありますが、健全な取引の範囲であればゼロになることはありません。逆に、運用することで不労所得を得られる可能性があります。

Aさんの場合、投資のプラス面もマイナス面も理解したうえで、「NO」という判断をしたのですから、それ以上のアドバイスをすることはありませんでした。貯金だけで資産を築くというのが、Aさんの価値観なのですから。

Aさんに限らず、貯金にこだわる人は、貯金額がアイデンティティになっているケースもあります。「1億円貯めた自分はすごい」という意識がどこかにあるため、貯金が減るのが我慢できません。貯金が減ることは、自分の人生が壊れていく感覚になるのです。

1億円の貯金がきっかけで遺産トラブルに

それからAさんとお会いすることはなかったのですが、数年後、人づてでAさんの「その後」を知ることとなりました。

Aさんは急性心筋梗塞で亡くなってしまったのです。1億円以上貯めた貯金を使うことなく、彼はこの世を去ってしまいました。

Aさんの死後、1億円の貯金は同居していた母親が相続することになりました（父親はすでに死亡）。

ところが2年後、今度は母親が寝たきり生活の末、亡くなりました。母親もAさんの貯金にはほとんど手をつけていませんでした。

その後、1億円の貯金をめぐるトラブルが勃発します。

Aさんには妹と弟がいました。2人とも結婚してAさんとは離れて暮らしていましたが、Aさんの死後、体調を崩して寝たきり状態になってしまった母親を妹が引き取り、自宅で介護をしていました。

母親が相続したAさんの1億円と実家の一軒家は、妹と弟が相続することになりました。遺書はなかったため、妹と弟は遺産相続の話し合いの場を設けました。

そのとき弟はこう主張しました。

「実家の不動産はいらないから、法定相続分として貯金の半分はほしい」

しかし、妹としては納得できません。

「寝たきりになってしまった母親を介護していたのは私。あなたはこれまで好き勝手やって実家にもほとんど寄り付かなかったくせに。実家なんてもらっても、古くてたいした額にもならないし」

残された預金はできるだけ多く相続したい、というのが妹の本音でした。

弟も負けじと応戦します。

「お母さんと同居していたから、生活費には年金を充てていたんだろ。むしろ得しているのはそっちじゃないか」

もともと妹と弟は仲がいいほうだったのですが、遺産相続をめぐり、険悪な関係になってしまいました。結局、遺産分割の調停で2人は争うことになり、1年がたった現在も決着していないそうです。

Aさんは何のために貯金をしていたのでしょうか。

結果論になってしまいますが、せっかく1億円も貯めたのに、自分の幸せのために使うことはできませんでした。本人は1億円を貯めたことに満足したのかもしれませんが、私を含めて多くの人が「もったいない」と感じるのではないでしょうか。

しかも、自分が一生懸命貯めたお金がきっかけで、きょうだいの関係も最悪の状態になってしまいました。

もちろん、Aさんの人生が幸せだったかどうかを判定することはできませんが、少なくとも貯金に固執することについて考えさせられるエピソードでした。

「保険バカ――貯蓄型の保険ではインフレに追いつかない」

毎月の保険料は15万円！

次に紹介するのは、30歳の独身女性Bさんです。

大手の上場企業で営業職の仕事をバリバリこなす、いわゆるキャリアウーマン。都内の賃貸マンションで一人暮らしをしています。

給与は手取りで約40万円。ボーナスも合わせれば年収は700万円近くあります。同年代の女性の中では、平均よりも多く稼いでいるといえるでしょう。

そんな彼女の資産構成の特徴は、保険に多額の支払いをしていることです。

なんと、毎月15万円もの保険料を支払っているのです。

「もともと心配性な性格なんです。母方はガン家系なので、もし大きな病気になったらと思い、学生時代から保険に入っていました。ちょうど保険会社に勤めている友人が何人かいることもあり、すすめられた保険に入りました。貯蓄型保険なら将来のための貯金代わりにもなりますから。だから貯金は少ししかありませんし、全然貯まりません」

保険は**「貯蓄型」**と**「掛け捨て型」**の2つのタイプに大きく分けられます。

貯蓄型（積立型）保険とは、病気やケガ、死亡など万一のときに備えながら、将来のための貯蓄ができる保険のことを指します。貯蓄の性格をもつ分、毎月の保険料が高くなります。

一方、掛け捨て型の保険は、「定期保険」といわれる商品で、月々の支払いが安く済むことがメリット。その代わり保障期間が決まっているため、その期間内に死亡しなければ払ったお金は戻ってきません。つまり、いくら保険料を支払っても貯金の代わりにはならないのです。

Bさんが主に入っているのは、貯蓄型の医療保険と貯蓄型の生命保険。

万一ケガや病気、死亡したときに保険金を受け取れるという「保険」の側面と、満期時や解約時に満期保険金や解約返戻金としてお金を受け取れるという「貯蓄」の側面をもっています。

貯蓄型保険は、所定の年齢に達したときに、支払った金額よりも多くの額が返ってくる、というイメージをもっている人が多いようです。

しかし、実際は変額保険や外貨建て保険といった特殊な契約以外は、受け取る保険金が支払った保険料を上回るケースはほとんどありません。

誤解している人もいるようですが、所定の年齢に達したときに支払われる満期保険金や解約返戻金は、保険会社からのプレゼントでもボーナスでもありません。

貯蓄型の保険は2階建てになっています。入院や手術を保障する掛け捨ての部分の保険料（1階部分）に、満期保険金や解約返戻金の部分の保険料（2階部分）が上乗せされている、という設計になっています。

簡単にいえば、自分が積立分として支払った2階部分の保険料が長い年月を経てそのまま自分に戻ってくる、というイメージです。

保険会社はプレゼントもボーナスもくれない

私が以上のような説明をすると、Bさんはこう訴えました。

「でも、私の入っている保険には、5年間ケガや病気をしなければ5万円の『健康祝い金』を受け取れるものもあります。健康でいるだけでお金がもらえるんだから、すごくうれしいかなって。ボーナスみたいなものじゃないですか！」

たしかに、健康でいるだけで一定の祝い金をもらえるのは得した気分になるかもしれません。

しかし残念ながら、このような健康祝い金特約も自分が支払った保険料の一部が戻ってくるようなものです。くわしいしくみは割愛しますが、健康祝い金のつく保険は、あらかじめ貯蓄になる分の保険料が上乗せされています。**掛け捨て型よりも少し多い保険料を支払って、その差額分が数年ごとに戻る、というイメージです。**しかも、ケガや病気で保険金を請求したら、健康祝い金はもらえません。決して保険会社からのプレゼントでもボーナスでもないのです。

民間の保険会社の場合、必ず保険金を運用するためのコストがかかっています。たとえば、保険会社の社員の人件費、CMなどの宣伝広告費なども当然、加入者からの保険料でまかなう必要があります。**加入者は貯蓄をしているつもりでも、保険会社の運用に関しても多くのコストを支払っていることになるのです。**

そう考えれば、保険会社がボーナスやプレゼントを大盤振る舞いすることは現実的に無理なのです。

貯蓄型保険は銀行の預金と変わらない

本来、保険とは、いざというときの「リスク」を回避するためのものです。したがって、「保険」と「貯蓄」を切り離して考えるのが本来のあり方です。

極端な話、ケガや病気をしても、家族やその生活に支障が出ないほどの貯えがあれば、保険に入る必要はありません。

もちろん保険自体を否定するわけではありません。家族がいるのであれば万一のために生命保険に入っていたほうが安心です。**しかし、独身であれば掛け捨ての医療保険に入れれば十分です。**

ここまで説明しても、Bさんは納得しない表情で反論してきました。

「そうはいっても、貯蓄型の保険なら少なくとも払った分の保険料は返ってくるんだから、貯金をしているのも同然ではないですか。保険なら途中で気軽に取り崩すこともできませんし」

残念ながら、Bさんは大きな誤解をしています。

Bさんのケースで問題なのは、保険会社に毎月少なくない額の「貯蓄」をしていることです。いくら毎月保険で積立をしても、戻ってくるお金が払った金額と同じであれば、長い間、銀行に預けていたのと変わりありません。

たとえば、月10万円分の保険料が積立にまわされたとします（残りの5万円は保険部分とします）。10年後に満期を迎えるとしたら、1200万円が返ってくる計算となります。

しかし、この10年間のうちにインフレが進んでいたらどうなるでしょうか。当然10年前と比べてお金の価値は下がっていますから、実質的に資産が目減りしたことになってしまいます。

しかも、保険の場合は途中で解約すると、戻ってくる金額が減ってしまいます。急にまとまったお金が必要になったときは、損をするのを覚悟で解約しなければなりません。そういう意味で貯蓄型の保険は、銀行に預金しておくよりもリスクが高く、賢明ではない選択です。

保険にばかりお金を突っ込んで貯金が少ないBさんの場合、不測の事態が起こったときに、とても困ることが予想されます。

Bさんは「貯金バカ」ではありませんが、「保険バカ」です。やはりお金の置き場所を間違えたのです。お金を眠らせておき、お金の価値を下げてしまうという意味では、「貯金バカ」と「保険バカ」はきょうだいのような関係といえるでしょう。

なお、Bさんは最終的に私の説明に納得し、後日、必要な保険以外はすべて解約する手続きをとったそうです。

「4000万円の貯金を失った男」

購入したビットコインが急落！

もう一人、「貯金バカ」のエピソードを紹介しましょう。

39歳の男性会社員、通信業界の中堅企業に勤めるCさんは、社内でもそつなく仕事をこなし、順調に出世の階段をのぼっていました。年収は700万円。しかも実家暮らしだったので、貯金の額も自然と伸びていきました。

「ゲームやアニメが好きなので、趣味にある程度のお金を投じていますが、それでも月5万円以内です。逆にそれ以外にはあまりお金は使いません。アルコールはダメなので飲み会には行きませんし、旅行も好きではありません。あと、彼女もしばらくいません。だから、手取りの半分近くは貯金に残っていたと思います」

気づいたときには貯金が4000万円を超えていたというCさん。

そんなCさんに転機が訪れたのは2年前。

会社の同僚の中に、ビットコイン（暗号資産）で大儲けしている人がいるという話を聞きました。しかも、一人ではなく何人も成功しているとか。入社以来、仲よくしていた同期も、「最近ビットコインを始めた」といい始めました。

なんとなくビットコインに興味をもち始めたCさん。

ビットコインブームのニュースが気になるようになり、気づくとインターネットでビットコインに関する情報を検索していました。

そんなとき、Cさんにとって決定的な出来事が起きました。

Cさんのゲーム仲間の一人から「ビットコインで投資額が5倍になった」という話を聞きました。彼とは10年来の付き合いで、趣味仲間としても人としても、Cさんの憧れの存在でした。

そんな尊敬する人物から「Cさんもやったほうがいいよ。教えるから」と言われ、がぜんビットコイン投資に興味をもったCさんは、手始めに２００万円分を購入。すると、またたく間にビットコインの価格は上昇し、数か月で約3倍に増えたのです。

「こんなに簡単に儲かるなんてびっくりしました。アドレナリンが出まくっていた私は、さらにビットコインを買い増し、２０００万円をビットコインに投入しました。この時点では、億万長者になって会社を辞めることを夢見るようになっていました」

ところが、ご存じの通り、しばらくするとビットコインの価格は急落。

Cさんの投資額も3分の1に減ってしまいました。

すると、予期せぬ事態にパニックになったCさんは、思わぬ行動をとります。

なんと、ＦＸ（外国為替証拠金取引）投資を始めたのです。

ところが、経験はもちろん、たいした知識もなかったCさんは、10倍のレバレッジ（少ない資金で大きな金額を取引すること。儲けは大きくなるが、損失も大きくなる）をかけてＦＸでも大損を出してしまったのです。

結果、預金通帳に残ったのは48万円だけでした。

「ビットコインが暴落したときは、頭が真っ白になりました。なんとかしなければと藁《わら》にもすがる思いで始めたのがFXです。これも、趣味仲間の一人から『一発逆転を狙うならFXだよ』と聞いたのがきっかけです。でも、ギャンブル感覚で手を出したのが悪かったのか、結局、取り戻すどころか、ほとんどを失うことになってしまいました……」

「貯金バカ」は騙されやすい

Cさんの転落の始まりは、会社の同僚や趣味仲間の話を鵜呑みにし、深く考えることもなく、ビットコインやFXに手を出してしまったこと。**つまり思考停止状態で、まわりに流されてしまったのです。**

本来、ビットコインやFXに投資するなら、それなりに知識を得ることは必要不可欠ですが、リスクについても十分に認識しておくべきでした。投資をした経験がないならなおさらです。

自分の頭で考えずに思考停止状態に陥っていたという意味では、彼も典型的な「貯金バカ」だったのです。

ちなみに、Cさんはその後、自分の失敗を反省し、心機一転、再スタートを切りました。もともと仕事ができ、まわりの信頼も厚いので、生活そのものは変わらなかったそうです。ただ、ほとんどの貯金を失ってしまったので、まずは計画的にお金を貯め始めたところです。

これは、Cさんの反省の弁です。

「これからは何事も人の話に流されないように、しっかりと知識を身につけて、自分で判断できるようにします」

私の経験上、貯金だけをコツコツと貯めてきた人（＝貯金バカ）にかぎって、何かのきっかけで投資の世界に足を踏み入れ、せっかく貯めた財産を失う、というケースは意外と少なくありません。

真面目な性格の会社員が投資詐欺に遭って、コツコツと貯めてきた5000万円の貯金を一瞬で失った、という話もあります。

あとで冷静になれば「怪しい」と思うような投資話でも、何かの拍子にコロッと信じてしまうことがあるのです。

どんな人でも、お金がほしいという欲に目がくらむ可能性があります。信頼できる人物に「ここだけの話、こんなに魅力的な投資はない。あなただからこっそり教える」といわれたら、絶対に騙されないとはいい切れないのではないでしょうか。

騙すほうもプロですから、少しでも警戒心をといたら、うまく丸め込まれてしまうかもしれません。

こうした失敗をしないためには、思考停止に陥らないこと。「本当に大丈夫か？」「誰が信用できるか？」と自分の頭で考えることです。

思考することをやめてしまうと、相手の意見に流されて、痛い目に遭う可能性があるのです。

「年収250万円でも「お金のストレスフリー」は実現できる」

目標があるほうがお金は増える

ここまで3人の「貯金バカ」の事例を見てきました。

3人に共通するのは、明確な目的がなく、貯金（貯蓄型保険を含む）をしていたことです。そのために、思わぬ不幸を招いたり、インフレによるお金の価値の減少というリスクにさらされました。

3人に限らず、漫然と貯金を続けているかぎり、将来、お金や人生の悩みに直面する可能性が高いでしょう。

たとえば、結婚してなんとなく貯まっていた貯金を頭金にして新築マンションを購入。しかし、70歳まで続く住宅ローンの返済に加え、子どもたちの教育費が家計に重くのしかかり、一向に生活レベルは上向かない。自分の趣味もあきらめて、共働きで懸命に働く日々。そのままアップアップの状態で老後を迎えることになる――。

多くの日本人がこうした負のパターンに陥り、「こんな人生になるはずではなかった」と嘆いています。

あなたは、将来どんな人生を送っていたいでしょうか。

何か手に入れたいものはあるでしょうか。

「将来こうなりたい」というイメージをもっている人は、明確な目標金額を決めて、お金を増やすことができます。

むしろ目的をもって資産を増やそうとする人のほうが、お金のストレスフリーにも近づきやすくなります。

3年後、5年後、10年後、あるいは30年後の将来を描いてみてください。

「資格を取得してキャリアアップしたい」

「独立起業して自分でビジネスを始めてみたい」
「世界一周旅行をしたい」
「子どもに何不自由なく最善の教育を受けさせたい」

仕事に関する目標でも、プライベートや趣味に関する目標でも、なんでもかまいません。このように目標が明確になっていると、自分の行動を律することができ、日頃のお金の使い方も変わってきます。

たとえば、コンビニでスイーツやお酒を衝動買いしそうになったとき、グッとこらえることができます。

そして、「よりお金を増やそう」と意識するようになります。お金の価値が減っていく預金にいつまでも置いておくことが許せなくなるはずです。

「趣味を極める」ためにお金持ちを目指す!

目標やビジョンをもっている人は、お金が増えていくスピードが速くなります。

先日、私の講演会に来てくれた20代の男性Dさんの例です。

埼玉県で一人暮らしをしているDさんは、ふだんスポーツクラブのインストラクターとして勤務しています。転職して間もないこともあり、年収は250万円ほど。一人暮らしだと、生活するだけで精一杯というレベルの収入です。

しかし、Dさんは収入の半分近くを貯めることができています。当然、安アパートに暮らし、食事は自炊が基本。贅沢などできません。それでも彼は、会うたびイキイキとしています。

なぜなら、Dさんには目標があるからです。

Dさんの趣味はソロキャンプ（一人キャンプ）。さまざまな山や川などに出かけて、大自然に抱かれて唯一無二の時間を過ごすことに無上の喜びを感じるそうです。

将来的には、現在の仕事を辞めて、好きなときに自由にキャンプに出かけられる生活を実現するのが目標です。そして、ソロキャンプの魅力を多くの人に伝えたいというビジョンをもっています。

そのために、Dさんは「お金のストレスフリー」を目指して、すでに動き始めています。趣味の活動を広げるには、金銭的に自由になる必要があるからです。

順調に資産が増えていることを私に報告してくれるDさんの表情は、いつも充実感に満ちあふれています。

「年収250万円なのに、お金のストレスフリーだなんて夢物語ではないか？」と多くの人が思ったかもしれません。

しかし、じつはDさんが実践している方法こそが、私が本書で推奨している資産構築法なのです。

「お金のストレスフリーを実現したい」「目標を達成するためにお金を増やしたい」という人は、ぜひこれから紹介する方法を実践してみてください。もちろん「お金の価値が目減りすることが許せない」という人にもおすすめできる方法です。

「お金のストレスフリー」の道へと、一歩踏み出そう

「いまはとくに目標はない。だからなんとなく貯金している」という人は、まずは「お金のストレスフリー」を目指してみることをおすすめします。

「お金に不自由しない生活などいらない」という人はよほどの変わり者でしょう。あ

なたも「お金のストレスフリー」に興味がありますよね?

「そんなの無理だ」という声も聞こえてきそうです。もちろん、1年後にいきなりお金に困らない生活など、宝くじが当たらないかぎり無理です。

「お金のストレスフリー」を手に入れるにはステップを踏む必要があります。

あなたも、そのための第一歩を始めてみませんか?

Dさんはすでにその一歩を踏み出しています。

私にかぎらず、「お金のストレスフリー」を実現した人の多くは、最初からお金持ちだったわけではありません。手順を踏んで資産を築いていったのです。

では、どうやってお金のストレスフリーを実現すればいいのか。

そして、お金持ちは貯金をせずに、どこにお金を置いているのか。

次章から、具体的に説明していきましょう。

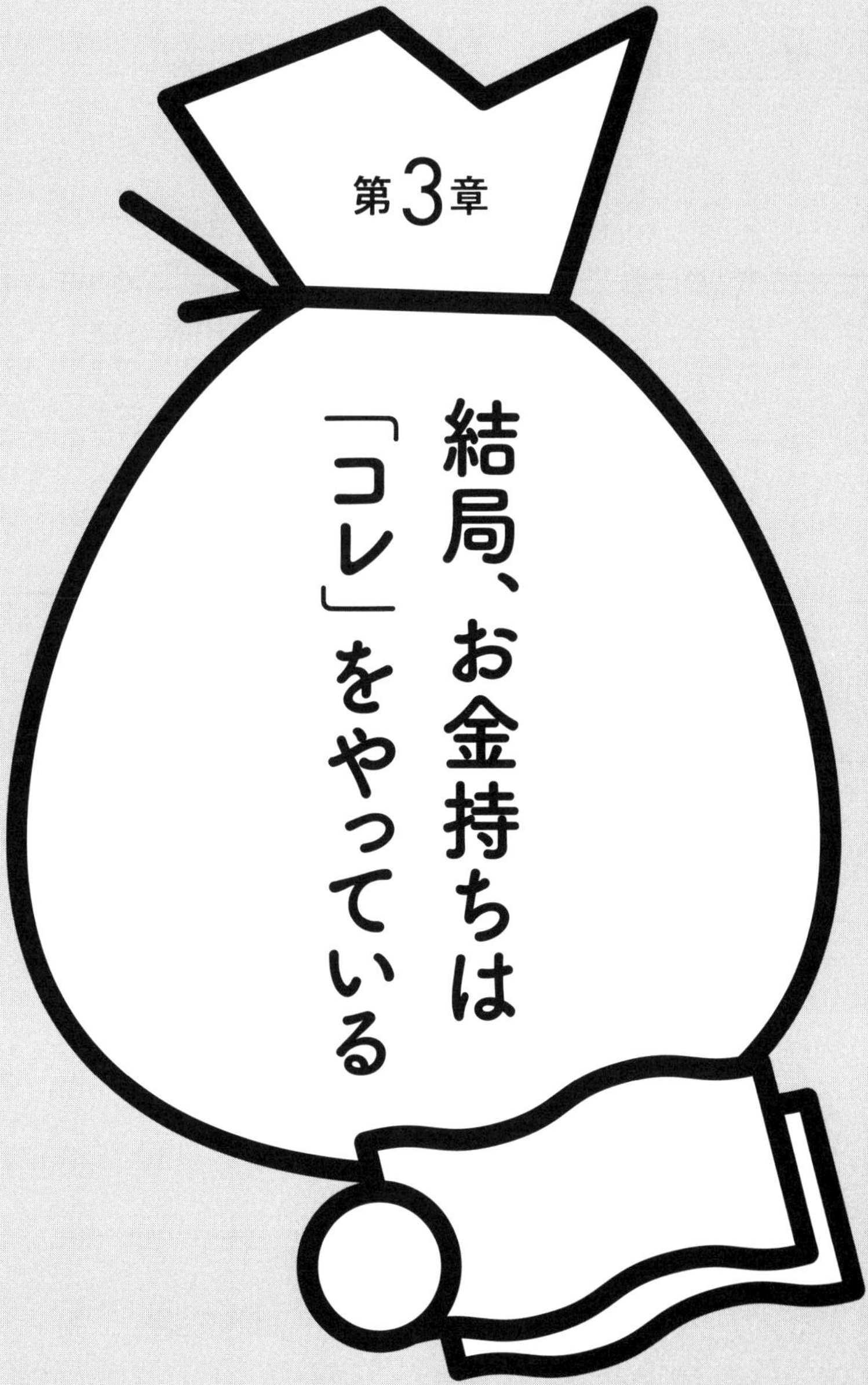

第3章

結局、お金持ちは「コレ」をやっている

「不労所得」が極端に少ない日本人

日本の金融資産はアメリカの半分しか増えていない

いよいよ本章からは、具体的に資産を築いていく方法をお伝えしていきます。

「お金のストレスフリー」を実現した人は、「貯金バカ」と何が違うのでしょうか。

結論、お金持ちは「貯金」ではなく「投資」をしています。

銀行にお金を預けたままだと、金額は微増（本当にわずか！）するものの、実質的なお金の価値は下がっていきます。だからこそ資産を築く人は、貯金に頼るのではなく、自らお金を増やすアクション（＝投資）をとるのです。

ところが、日本において実際に投資をしている人は少数派です。

［図7］
各国の家計金融資産の推移

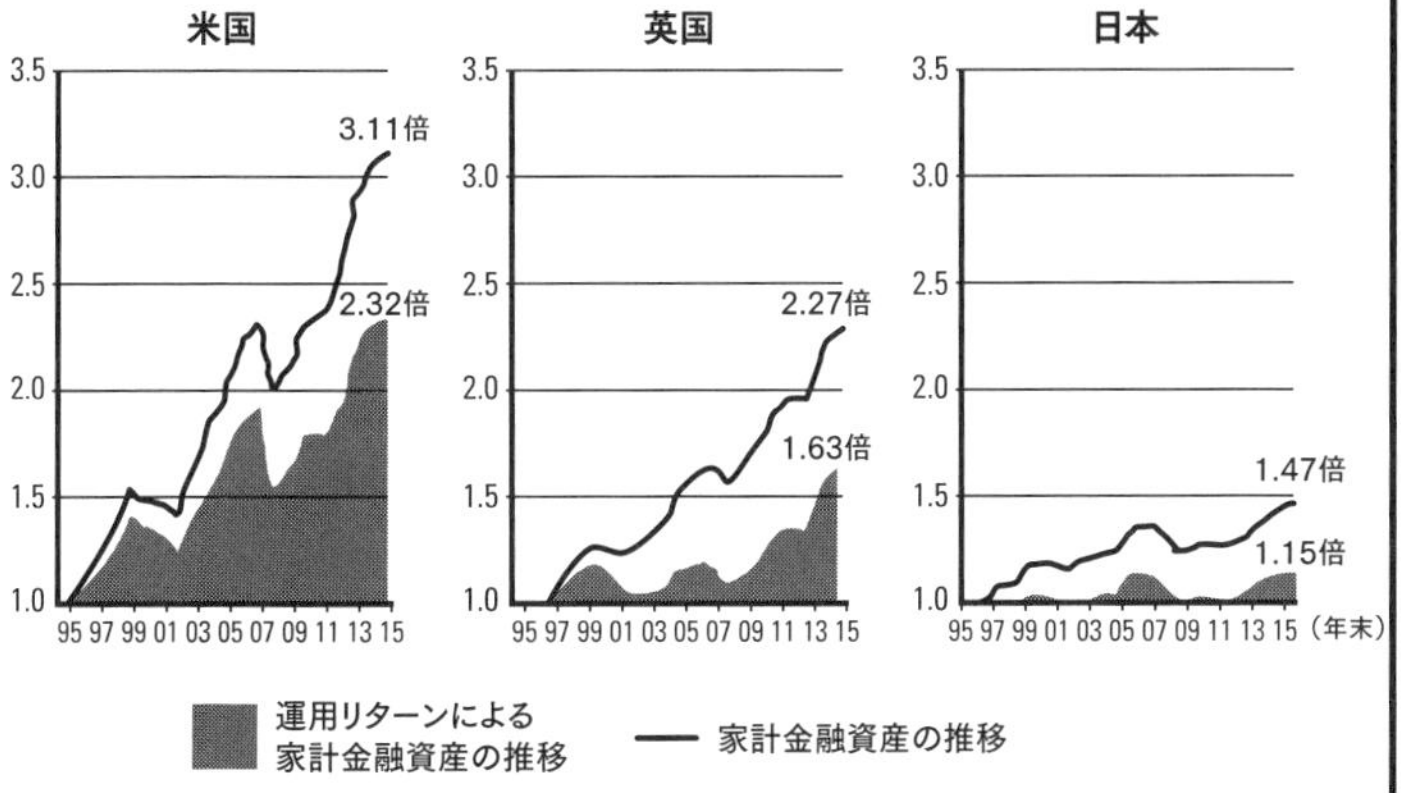

（注）1995年＝1（英国のみ1997年＝1）とする
出典：FRB、BOE、日本銀行資料より、金融庁作成。

第1章で、日本人は約1900兆円の個人金融資産のうち53・3%を現金・預金、28・6%を保険・年金が占めているといいました。株式は10・0%、投資信託は3・9%で、投資にまわされている資産は、計13・9%にすぎません。

一方、アメリカの現金・預金の割合は12・9%でした。

これらの数字の違いは、金融資産や所得の差を生む結果となっています。

1995年から2015年の20年間で、アメリカの家計の金融資産は3・11倍に増加しています。一方、日本はたったの1・47倍です。 ちなみにイギリスは2・27倍（図7参照）。

日本の金融資産の増加額はアメリカの半分にも及ばなかったのです。

次に**運用リターンによる金融資産の推移を見てみると、アメリカは2・32倍なのに対して、日本は1・15倍。**

つまり、日本では、投資によって増えた資産は20年間でほんのわずかだったということです。

この数字は、日本の金融資産が貯金に偏っていることを示しています。

アメリカの家計所得の4分の1は不労所得

もうひとつ、図8をご覧ください。

これも金融庁から発表された「日米の家計所得の推移」というデータです。

このデータからわかるのは、アメリカでは勤労所得と財産所得（不労所得）の割合がおよそ3：1であるのに対し、日本ではおよそ8：1だということです。なお、財産所得とは、株式や投資信託、不動産などから入ってくる収入のことです。

［図8］

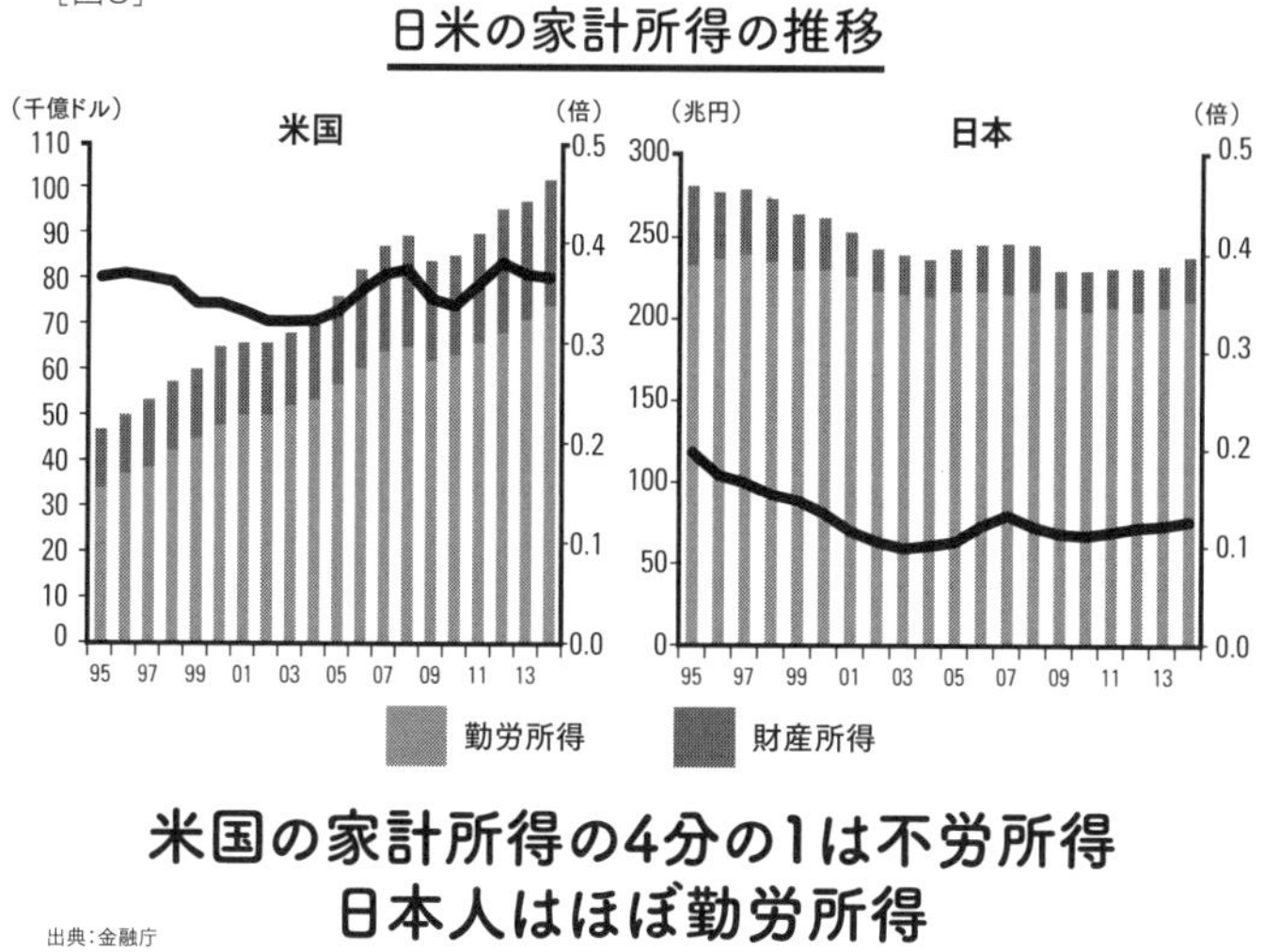

たとえば、アメリカでは総収入800万円の場合、そのうち200万円は財産所得（不労所得）ということになります。

日本では総収入800万円の場合、財産所得は90万円にも及びません。これは平均の数字なので、現実には財産所得がゼロという日本人はたくさんいます。

つまり、日本人はアメリカ人に比べて勤労所得への依存度が高いといえます。自分で働いてお金を稼がないといけないのです。

これが何を意味するかというと、**日本人はせっせとお金を貯めているだけで豊かさを実感しにくいということです。**

勤労所得への依存度が高いということは、つねに働き続ける必要があるということ。欧米のように長期休暇をとってバカンスを楽しむことも、早期にリタイアして第二の人生を謳歌することもむずかしくなります。それどころか、65歳を超えて身体が動かなくなるまで働き続けなければならないのが現実なのです。

一方、アメリカ人は、一定の不労所得があるので人生の選択肢が広がります。休暇もとりやすくなりますし、仕事を減らして家族との時間を増やすことも可能です。

同じ年収800万円でも、不労所得が多いアメリカ人のほうが生活の質が高くなり、幸せを実感しやすいのです。

じつは日本人のお金持ちも、アメリカ人と同じように、貯金ではなく投資にお金をまわすことで資産を増やしています。不労所得の割合を増やすことによって、お金のストレスフリーを実現しているのです。私自身もまさに、投資による不労所得を増やすことによってお金のストレスフリーの状態を手に入れました。

不労所得を増やす環境は整っている

「貯金を投資にまわせと言われても、なんだかむずかしそうだ……」と感じる人も多いかもしれません。

それは、これまで日本人の金融リテラシーがそれほど高くなかったからです。

投資に関する正確な知識が十分になかったから、むやみに金融商品を毛嫌いし、貯金に頼り切っていた、というのが現実ではないでしょうか。

個人的な経験からいえば、アメリカ人の金融リテラシーが特別に高いとは思えません。一般的なアメリカ人が経済や投資の情報をたえずチェックしている、ということは考えにくいでしょう。

ただ、アメリカには一般人でも手を出しやすい金融商品のラインナップがそろっていました。金融リテラシーがほどほどでも投資をしやすい環境が整っているのです。

現在、日本の投資環境もひと昔前と比べてだいぶ改善され、一般人でも投資をしやすい商品ラインナップもそろってきました。

あとは投資に関するリテラシーを身につければ、普通の日本人でも不労所得を得て、お金のストレスフリーに近づくことができるのです。

「お金持ちが投資している金融商品とは？」

投資信託はお金を増やすための「道具」

お金持ちは、お金を銀行口座ではなく、どこに置いているのか？

お金を増やす「道具」として何を使っているのか？

そろそろ答えをあきらかにしましょう。

資産を増やして、「お金のストレスフリー」を実現している人は、貯金ではなく、投資をしています。

もっと具体的にいえば、「投資信託」を買っています。

私自身もそうですし、私のまわりで確実に資産を築いている人の多くは投資信託を中心に資金を運用しているのです。

投資信託とは金融商品の一種で、その名の通り「投資するお金を信じて託す」という性格の商品です。

つまり自分で投資先を選ぶのではなく、プロの投資家に運用してもらうのです。託す相手は、投資信託の運用会社に所属している「ファンドマネジャー」と呼ばれる投資の専門家です。

投資家から集めてきたお金をひとつの大きな資金にまとめ、それをファンドマネジャーが株式や債券などに投資します。そうして運用して得た利益を投資家に分配する。これが投資信託の基本的なしくみです。

投資信託には、数えきれないほど種類があります。

日本の株式だけに投資している「株式ファンド」、日本と海外の国債だけで運用する「国債ファンド」、ブラジルの株式を中心に運用する「ブラジル株ファンド」などさまざまです。

もちろん、株式と国債がミックスされたファンドもあれば、不動産や金（ゴールド）などを組み込んだ投資信託もあります。

イメージとしては、いろいろな株や債券の入った「福袋」のようなものです。これらの福袋をすべてひっくるめて、「投資信託」と呼んでいるのです。

投資信託の重要なメリットのひとつは、貯金と違って、インフレに負けない程度に資産を増やせる、ということです。

仮に毎年2％ずつ物価が上昇しても、投資信託が2％以上の利回り（投資した金額に対する収益割合を1年当たりの平均に直した数字）を出していれば、資産の価値が減少するのを防ぐことができます。実際、利回り2％以上の投資信託はたくさんあります。

世の中にはお金を増やすための「道具」がたくさん存在しますが、お金持ちは投資信託という福袋を「道具」として活用しているのです。

個別株で資産を増やすのは至難の業

「なぜ個別の株式投資ではなく、投資信託なのか？」

こういう疑問を抱く人もいるかもしれません。

実際、お金持ちの中には、個別株への投資で資産を増やしている人もいます。

個別株とは、基本的には一企業の株式のことをいいます。

たとえば、トヨタ自動車やＮＴＴドコモといった個別の銘柄を購入することです。株への投資というと、この個別株をイメージする人が多いかもしれません。

個別株投資には、投資信託と違って自分でコントロールができるというメリットがあります。自分がお気に入りの企業の株を自分のタイミングで売買できます。

しかし、それは裏を返せば、自分の責任で資金を運用しなければならない、ということです。

当然、個別株は株価が大きく上下します。何か不祥事が起きたり経営環境が変わったりしたとき、株式をそのままもつのか売却するのか、自分で判断しなければなりません。日々、株価だけでなくニュースなどの情報もチェックする必要があります。

たとえば２００８年のリーマン・ショックや２０２０年の新型コロナウイルスによる株の暴落時に、どんな対応をとればよいか、投資家としての判断が求められます。

初心者であれば、日々下落する保有銘柄の株価を見て、パニック状態に陥ることは間違いありません。

毎日、株のことばかり考えていても大丈夫な生活をしているのであれば、臨機応変に対応することができるかもしれませんが、ほとんどの人が昼間は仕事をしています。株の取引をしている時間や余裕はありませんし、逆に株の値動きに気をとられたら、本業がおろそかになってしまいます。

株の初心者が個別株で資金を増やすのは、現実的ではないでしょう。

個別株の取引で資産を増やしている人は、株式投資のプロフェッショナル、もしくはセミプロのような存在です。知識や経験が豊富にあり、投資にかける時間がたっぷりあるから、リスクを避けながら資産を増やすことができます。そういう人は、お金持ちの中でもひと握りです。

株の素人が戦いを挑んでも、かないません。

投資信託は資産運用の「柱」

個別の株式投資には、分散投資がむずかしいというデメリットもあります。

分散投資とは、投資先を限定せず、複数の投資先に投資すること。ひとつの株式に集中的に投資してしまうと、その株式の値動きだけで運用資産全体が左右されてしまいます。仮に、その企業が倒産するような事態になれば、全資産を失いかねません。

個別株投資で分散しようと思えば、異なる業種、業態、企業などバランスよく投資する必要があります。

しかし、その場合、各業界や企業の動向、経済の動きなどを日々追って、研究しなければなりません。

また、個別銘柄は比較的価格が高いものが多く、それなりの資金が必要です。本気で分散投資をしようと思えば、少なくとも数百万円はかかるでしょう。

その点、投資信託は、たくさんの株や債券などにバランスよく投資できます。しかも、100円単位で購入できる投資信託もあります。これほど少額でたくさんの銘柄に投資できる金融商品はほかにありません。

投資信託が運用の「柱」だとすれば、個別銘柄は「糸」です。

「糸」はいつ切れてもおかしくありませんが、「柱」であれば少々の衝撃があっても耐えることができます。

FXや不動産投資も初心者にはハードルが高い

同じことは、個別株にかぎらず、ほかの投資手段にもいえます。債券やFX、ビットコインなどもお金を増やすための「道具」ではありますが、バラエティに富んだ投資ができないという意味で、きわめて扱いがむずかしく、現実的ではありません。

「手っ取り早くお金を増やしたい」
「一発逆転を狙いたい」

そう考える人は、レバレッジがきくFXや値動きの大きいビットコインなどに手を出しがちですが、たいていの人は大ケガを負うことになります。

FXだけに投資していたら、為替の動きに資産が左右されることになります。為替が円高に振れるか円安に振れるかは、専門家でも見極めがむずかしいといわれていま

す。しかも、為替は全世界で売買されていますから、世界中のプロの機関投資家もライバルになります。プロは資産を減らすことは許されませんから、それこそ人生をかけて向き合っています。

そんな弱肉強食の世界で、昨日今日ＦＸを始めた初心者が勝ち続けることは、ほぼ不可能に近いでしょう。ビギナーズラックはあるかもしれませんが、自分の人生を左右するお金を投資する対象としては、現実的ではありません。

なかには、「株よりも投資用不動産を買ったほうがいい」と考える人もいるかもしれません。たしかに、漫然と貯金をしているよりは、建設的な発想かもしれません。

近年は不動産価格が上昇してきたこともあり、投資用マンションを購入して資産を増やしている人もいます。もしかしたら、あなたのまわりにも不動産投資をしている人もいるかもしれません。しかも、不動産は市況にあわせて価格が変動するので、インフレにも対応できるというメリットもあります。

しかし、投資用不動産を購入するには、個別株やＦＸに投資するよりも格段の覚悟が必要です。

そもそも取引の金額が大きい分、リスクが高くなります。銀行から融資を受ければ、多額の借金を背負うことにもなります。もし購入した物件の空室が続いたり、トラブルが発生したりすれば、資産を失うことにもなりかねません。

また、投資用不動産は海千山千の専門業者もライバルです。通常は資金が豊富で情報網がある業者が優良な物件を先に購入してしまうので、どうしても個人投資家はババを引かされがちです。

投資の素人が、将来的に利益を生み出してくれる物件を見極めることができるでしょうか。やはり、これまで貯金しかしてこなかった個人投資家が、いきなり投資用不動産に手を出すのは無謀と言わざるを得ません。

ちなみに、個人向け国債などの国内債券は元本割れすることがない安定した投資先といえますが、その分、インフレを上回る利回りを得ることができません。貯金とほぼ同じと考えていいでしょう。

投資をするくらいなら持ち家を買ったほうがいい？

「貯金がダメというなら、いっそのことマイホームを買ってしまったほうがいい」と考える人もいることでしょう。

もちろん、ライフスタイルの理想は人それぞれなので、「何よりもマイホームを購入することを優先したい」という人もいるでしょう。

そのように考えている人に対して、「絶対マイホームを買ってはいけません！」など野暮なことはいうつもりはありません。

しかし、これだけは覚えておいてください。

ローンを組んでマイホームを購入すると、お金のストレスフリーを実現することがきわめてむずかしくなります。

たとえば、1000万円の貯金を頭金にして、4000万円の新築マンションを購入したとします。その際、残りの3000万円を銀行のローンで調達することになります。

住宅ローンはれっきとした借金ですから、何よりも返済が優先されることになります。20年、30年、場合によっては、35年にわたって、毎月返済していかなければなりません。当然、少なくない利子も負担することになります。

毎月ローンを支払っていれば当然、投資にまわす余力が少なくなります。老後資金を貯めたいと思っても、ローン返済に明け暮れるのが現実です。「お金のストレスフリー」を実現するための資金を確保するのもむずかしいでしょう。

もちろん、資産としての不動産は残ります。

しかし、4000万円の新築マンションを購入した時点で、資産としての価値は3500万円ほどに下がることになります。なぜなら、住宅価格には販売会社の販売促進費やスタッフの人件費が乗っかっているからです。

したがって、新築を購入した瞬間、中古住宅としての価値は大きく下がってしまいます。これは、お金持ちが大事にしている等価交換の原則からも外れます。

「お金のストレスフリーを実現する」という観点からいえば、新築のマイホームを購入するよりも、投資信託などに投資するほうが賢明です。

投資信託を毎月一定額購入して、利回り7%で運用すれば、およそ10年で資金は2倍になります。

住宅の頭金にする1000万円の貯金があるなら、投資信託にまわして資産運用したほうが、結果的に豊かな生活になる可能性が高いです。

いまは人生100年時代ですから、十分な資金が貯まってからマイホームを買っても遅くはありません。

あわてて20代、30代のうちに購入しても、20~30年後にはマイホームも古くなり、資産価値が大幅に下がります。将来リフォームも必要になるでしょう。家族構成や働き方も時代とともに変わっていきます。人によっては、ずっと賃貸に住むという選択のほうが正しいのかもしれません。

住宅をどうするかは生き方の問題ですから、絶対的な正解はありません。ただし、マイホーム購入を決める前に、「投資で資産を増やす」という選択肢を検討する価値はあるのではないでしょうか。

以上のような理由から、お金持ちの多くはお金を増やす「道具」として投資信託を選択しています。みなさんも、銀行の貯金を預けかえる場所としてまず検討すべきは、投資信託ということになるのです。

投資を始めるなら早いほうが得をする

雪だるま式にお金が増えていく

「投資」と聞くと、値上がりと値下がりに一喜一憂するイメージがあると思います。

当然、個別株の株価と同様に、投資信託も投資した金融商品の影響を受けて価格が上下します。**投資信託の値段のことを「基準価額」と呼び、毎日変動します。**

この「基準価額」は短期的には値下がりすることもありますが、あまり気にする必要はありません。

なぜなら、**お金持ちが実践している投資法は、長期投資を前提としている**からです。

つまり、投資信託の売買を頻繁に繰り返すのではなく、年単位の長期間にわたって投資を続けるのです。

長期投資の大きなメリットは、「複利効果」です。

金利には、「単利」と「複利」という2つの種類があります。

単利とは、元金に対してだけ発生する利息のこと。

たとえば、100万円を銀行に預けたとします。金利は計算がしやすいように10%とします（実際にはあり得ませんが……）。

10%ということは、1年間で10万円の利息を受け取ることができます。同じ条件で3年間預けておけば預金残高は計130万円（100万円＋10万円×3年）、5年間預けておけば計150万円（100万円＋10万円×5年）となります。

一方、「複利」とは、元金によって生じた利息を次期の元金に組み入れることを言います。つまり、元金だけでなく利息にも次期の利息がつく、ということになります。

100万円の例でいうと、1年後に預金残高が110万円になるのは単利と同じですが、複利は110万円に10%の利息がつくので、2年後には121万円になり、さらにこの残高に10%の利息がつくと、3年後には133万1000円になります。そして、5年後には161万円となります。

つまり、単利の場合と比べると、5年後には11万円の差がつくのです。

複利を計算式であらわすと次のようになります。

1年目：100万円×10％＝10万円
2年目：（100万円＋10万円）×10％＝11万円
3年目：（110万円＋11万円）×10％＝12・1万円
4年目：（121万円＋12・1万円）×10％＝13・3万円
5年目：（133・1万円＋13・3万円）×10％＝14・6万円

雪が降った日に雪だるまをつくると、最初は小さかった雪玉も、大きくなるにしたがって、1回転するだけでたくさんの雪が付着していきます。「雪だるま式に膨れ上がる」とよくいいますが、複利はまさに雪だるま式にお金が増えていくイメージです。

複利があるかどうかで、資産運用の結果は大きく変わってくるのです。

ちなみに、資金100万円を年利10％で複利運用し続けた場合、次のように元手が大きくなっていきます。

10年後：259万円（約2・6倍）
20年後：673万円（約6・7倍）
30年後：1745万円（約17・5倍）
40年後：4526万円（約45倍）
50年後：1億1739万円（約117倍）

50年後には100万円が1億円を超える計算になります。
これが複利効果のすごさです。

「複利効果」で数千万円の差がつくこともある

私がおすすめする投資法も、複利式の投資信託を選ぶのが基本です。投資信託では、利息ではなく**「利回り」**という表現を使います。

利回りとは、投資した金額に対する収益割合を1年当たりの平均に直した数字です。

たとえば、100万円で購入した投資信託が1年後に110万円になったら、利回りは10%。逆に90万円になったら利回りはマイナス10%です。この利回りという言葉は、このあともたくさん登場するので、ここで覚えておいてください。

のちほど私がおすすめする投資信託は、平均利回り7%で運用されてきた実績があります。

たとえば、あなたが毎月5万円ずつ銀行に貯金をしたとします。20年後には1200万円(5万円×12か月×20年)貯まります(銀行預金の金利はかぎりなく低いので、ここでは利息は無視します)。

一方、あなたが利回り7%の投資信託を毎月5万円ずつ購入したとします。これを長期運用したらどうなるでしょうか。詳しい計算式は省略しますが、複利効果が働くと、20年後には約2600万円になります。

さらに30年後はどうなるでしょうか。銀行貯金だと1800万円(5万円×12か月×30年)ですが、投資信託を年7%で30年運用すれば、約6000万円の資産額になります。**積み立てた金額は同じなのに、複利効果によって4200万円近くもの差が開いてしまうのです。**

ちなみに、複利効果には「72の法則」と呼ばれる便利な計算方法があります。

「年利×年数＝72」という方程式で、元金が2倍になる年数を計算できます。

たとえば投資信託に一気に投資した場合、年利6％で複利運用すると、元金が2倍になるまでに要する年数は「72÷6」で、12年です。

「72の法則」を覚えておくと、どのくらいの期間でどれだけの金額を貯められるか、ざっくりと計算することができます。

このような複利効果を最大限に得るためにも、みなさんには投資信託の長期投資を前提にお金を増やしてほしいと考えています。

また、投資を始めるなら早いほうが複利効果を得られるため有利です。あなたが20代なら60代で仕事を引退するまでに40年もあります。30代でも30年、40代でも20年の長期投資が可能です。

これからは人生100年時代ですから、50代でも60代でも長期投資で複利効果を得ることができます。投資に「いまさら遅い」という言葉はないのです。

それでも投資に二の足を踏む7つの理由

「貯蓄から投資へ」は掛け声倒れ

講演会やセミナーなどで、

「お金持ちは投資をすることでインフレによるお金の価値の減少を防ぎ、さらにお金を増やしている」

という話をすると、多くの人が、うんうんとうなずき、「田口さん、私も投資を始めてみます！」と意気込みを語ってくれます。

ところが、実際に投資を始める人は、少数派です。7割くらいの人は投資に二の足を踏んでいます。

もちろん、「全財産を株に突っ込んでください」という話をしているわけではありません。「まずは10万円、いや数万円でもいいから、お試しで始めてみてはいかがですか？」という話をしても、踏ん切りがつかない人がいます。

実際、日本政府は長い間「貯蓄から投資へ」というスローガンを掲げて、さまざまな施策を打ってきました。株や投資信託などの運用益や配当金を、一定額非課税にするNISA（ニーサ）などの制度もその一環でした。

国をあげて投資を促しているにもかかわらず、日本人は貯金を続けています。投資の世界に足を踏み入れられないのは、なぜでしょうか。

その理由をひとつずつ見ていきましょう。

理由①——手もとに現金がないと不安

投資よりも貯金を選ぶ理由のひとつに、「手もとに現金がないと不安」という声があります。貯金であれば、その日のうちにATMに行けば現金を引き出せるので安心というわけです。

しかし、これは投資をしない理由にはなりません。

貯金が数万円しかないケースは別として、大金をすぐに引き出さなければならない事態は、そうあるものではありません。生活費の3か月分くらいの貯金があれば、よほどの緊急事態でも対応できるのではないでしょうか。

また、投資信託を換金するのに、それほど時間はかかりません。商品によって差はありますが、多くは解約から3営業日ほどで換金できます。本当に現金が必要になったとしても、それほど困らないはずです。

そもそも投資は、生活費を削っておこなうものではありません。あくまで余裕資金を投資するものですから、基準価額が大幅に下落しないかぎりは、解約する必要はありません。

理由②――大損や借金をするのが心配

「親戚が投資で失敗して、首を吊った」
「友人が投資に失敗して、借金取りに追われている」

「知人が株で大損を出して、失踪した」

投資に関しては、このような負のイメージをもっている人が少なくありません。たしかにバブル崩壊やリーマン・ショックなど株価が大暴落する局面では、大きな損失を出す人はいるでしょう。

また、投資で失敗して不幸になった人が身近にいれば、「やっぱり投資は恐ろしいものだ」という印象が強く残るのも理解できます（この手の話には尾ひれがついているものですが……）。

しかし、投資で身を滅ぼしてしまうような人は、リスクをとりすぎていることがほとんどです。

たとえば、もっているお金以上の取引ができる「信用取引」は、大きなリターンを得ることもできれば、逆に借金をしなければならないようなマイナスを出すこともあります。投資の初心者が手を出す取引ではありません。

また、分散投資をしていなかったばかりに、ひとつの企業の株価暴落で大損を出してしまうケースもあるでしょう。これもリスクのとりすぎです。

本書で私がおすすめする方法は、投資信託への投資です。もちろん、一時的に基準価額が下がったり、元本割れしたりする可能性はありますが、元手がゼロになることはありません。

基準価額が大幅に下落することがあれば損切り（損失を抱えている状態で保有している株式等を売却して損失を確定させること）する必要もありますが、私の経験上、そこまで基準価額が落ち込んだことはありません。

そもそも生活費を確保したうえで投資するので、借金まで至るケースは考えにくい。また、長期投資を前提としているので、一時的な多少の値下がりは目をつぶっても問題ありません。

むしろ「投資は怖い」という人ほど、これから私が推奨する投資法は合っていると思います。投資はギャンブルとは違います。正しい知識を身につけたうえでルールを守って投資をすれば、身を滅ぼすような事態にはなりません。

理由③——投資をするための資金が不足している

「投資をしたくてもタネ銭がない」と言い訳をする人も多くいます。

それならタネ銭を貯めればいいのですが、「給料も低いし、そんな余裕はない」と反論します。

しかし、お金が貯まるかどうかに、収入の多寡は関係ありません。

年収1000万円を稼いでいる人でも、まったくお金が貯まらない人はいます。

逆に、第2章で紹介したDさんのように、年収250万円でも半分の額を貯められる人もいます。

「絶対にお金を貯める！」と本気になれば、必ずお金は貯まります。私の知人の中には、「立ち食い蕎麦屋のかけ蕎麦しか食べない」と決めて、1億円ものお金を貯めた強者もいます。

しかも、100円から買える投資信託もあります。よほどの事情がないかぎり、「資金がない」というのは、投資ができない理由にはなりません。

理由④——投資についての勉強のしかたがわからない

投資をしたことがない人は、「どのように始めたらいいかわからない」といいます。

しかし、何事も同じですが、初めからわかっている人はいません。最初から自転車に乗れる人はいませんが、一度コツをつかんでしまえば、一生苦もなく乗りこなすことができます。

投資も同じ。最初はむずかしく感じるかもしれませんが、投資に関するリテラシーは一生役に立ちます。

だからこそ、最初はある程度、投資に関する勉強をする必要があります。

そういうと、今度は「投資についての勉強のしかたがわからない」と言い訳をする人もいます。しかし少なくともこの本を手にとったあなたなら大丈夫。本書は投資初心者でも実践できるような投資法を紹介しています。このまま読み進めてください。

理由⑤——投資をしている人が身近にいない

投資をしない理由として「投資をしている人が身近にいない」という人もいます。

たしかに、友人や会社の同僚から「投資で資産を増やしている」という話を聞いたら、がぜん興味をもつかもしれません。身近な存在の人が投資をしていることを知れば、「自分にもできる」とスイッチが入る可能性はあります。

しかし、常識的に考えて「投資をしている」ことをペラペラとしゃべる人は多くありません。お金儲けに悪いイメージを抱きがちな日本人は、とくにその傾向が強いでしょう。余計なことをしゃべって妬まれるとやっかいですから。

じつは、「まわりの人も投資をしているけれど、あなたが知らないだけ」というのが現実です。

「ネット口座開設数ランキング上位10社」の口座数を合計すると、約2200万にのぼります（2018年9月時点）。

あなたの会社で隣に座っている同僚も、じつは投資に励んでいるかもしれません。

そもそも、お金を増やすために投資をするかどうかは、あなた自身の問題です。まわりの人がどうしているかは関係ありません。

理由⑥——日々の情報収集に時間がかかる

投資で成功したければ、朝から各市場の値動きをチェックしたり、『日本経済新聞』

をくまなく読んだりしなければならない、と思っている人は少なくないようです。

たしかに、投資に関する情報を知らないよりは知っていたほうがいいのは間違いありません。

しかし、情報収集したからといって、投資に成功するとはかぎりません。投資が好きで情報収集が苦にならない人でも失敗するケースは多々あります。知りすぎたがゆえにしくじる、ということもよくある話です。

はっきりいいましょう。

毎日の情報収集などしなくてもかまいません。

そんなことをしている時間があれば、本業に真剣に取り組んだり、趣味や家族団らんの時間にあてたりしたほうが有意義でしょう。

私が本書でおすすめする投資信託は、プロが運用する金融商品です。餅は餅屋というこことわざがあるように、投資はプロに任せてしまえばいいのです。

あなたが注力すべきは、どのプロ（どの投資信託）に資金を預けるかを決めることです。

どの投資信託を選べばよいかは第4章以降であきらかにしますので、安心してください。

理由⑦――証券口座を開設するのが面倒くさそう

投資をするためには証券会社などに口座をつくる必要があります。その手続きが面倒くさそうだ、というのも投資に二の足を踏む理由のひとつ。

しかし、インターネットが当たり前のいま、そんなに大変な手続きではありません。私が初めて株式投資を始めた20年前は、ちょうどネット証券が主流になりつつある頃でしたが、それより以前は、平日の昼間に証券会社の窓口に行って手続きをしなければ口座を開けませんでした。普通のサラリーマンは、会社を休む必要があったのです。

しかも、昔は証券会社の窓口に行くと、「この株を買いませんか？」としつこく勧誘される面倒もありました。

いまやスマホで簡単に口座開設ができる時代です。オンラインで必要事項を記入し、身分証明書などの確認書類は画像をアップロードすれば事足ります。手続き自体

は最短15分もあれば終わるくらい簡単です。

「証券口座をつくる時間がない」「面倒くさい」というのは、まったく言い訳にならないのです。

「知らないこと」は誰だって怖い

日本人が投資に躊躇《ちゅうちょ》する7つの理由を紹介しましたが、やはり人間は「未知」のことについては、恐れの感情を抱くものです。

私もその気持ちはよくわかります。

というのも、最近、私自身もそのことを実感する体験をしたからです。

株式の投資スタイルのひとつに「株式優待券のタダ取り」（通称：優待クロス）というものがあります。

個別株投資には、株主優待という制度があります。簡単にいうと、企業が株主に対しておこなうプレゼントのことで、自社製品や自社サービスの優待券や割引券などが提供されます。たとえば、レストランを提供する企業であれば食事券、航空会社であれば割引価格で飛行機に乗れる優待券がもらえたりします。

株主優待をおこなっている企業は1000社以上あるため、この優待を目当てに株式投資をする人もいるくらいです。

この株主優待を獲得するためのテクニックのひとつが、「優待クロス」です。

株主優待を、低コストかつ低リスクで得る方法です。

これを可能にするのが「クロス取引」。同じ銘柄について買い注文と売り注文を同時に約定（株の売買が成立すること）させることです。

たとえば、ある企業の株を購入すると同時に、同じ株を売却します。

売却するといっても、その株をもともともっているわけではないので、「空売り」という方法をとることになります。手元にもっていない株式を、「借りて売る」というわけです。これを**「信用取引」**といいます。

この手法をとれば、同じ株価で株を売買することになるので、株を取得したあとに株価が下がるといったリスクを回避しながら、株主優待の権利を得ることができるわけです。しかも証券会社を選べばコストはごくわずか。空売りで株を借りるときに発生する貸株料がかかるだけで、実際は数百円程度です。数千円相当の株主優待券を得ることができれば安いものです。

私も優待クロスで目当ての株主優待券をゲットしていますが、じつは優待クロスを始めたのは最近のことです。

優待クロスについては、マネー雑誌などで特集されるくらいですから、その手法自体は認識していたのですが、「信用取引」をともなうテクニックだと知り、「うさんくさい方法じゃないか」と、なんとなく敬遠していたのです。

というのも、私自身、20代の頃に多額の借金を抱えていたということもあり、信用取引に過剰な警戒心をもっていたのです。

信用取引は手元にもっていない株式を取引できるので、使い方を間違えると自己資金以上の損失が発生することがあります。実際、信用取引で借金地獄に陥る人はめずらしくありませんでした。

ところが、そのイメージが一変する出来事がありました。

信頼できる投資仲間と会食したときに、「田口さん、クロス取引はやったほうがいいですよ」とすすめられたのです。彼いわく「信用取引といっても、実際はほとんどリスクゼロで、メリットしかありません」とのこと。くわしく話を聞いてみると、たしかに彼のいう通りだったので、その場でスマートフォンを使って信用取引の口座を開設し、クロス取引に挑戦してみました。

すると、意外にも簡単に株主優待券を得ることができたのです。それ以来、お目当ての株主優待券を見つけては、クロス取引をしています。

この経験から学んだのは、「誰でも未知の世界に踏み込むのは怖い」ということです。私は投資歴20年で、「お金の専門家」として活動しています。投資については、人に教えるほどくわしいという自負もありました。

にもかかわらず、「なんとなく怖いから」という理由で、クロス取引から距離を置いていたのです。

本当はほとんどリスクのないお得な投資法だと気づけたのは、実際に自分でやってみたからです。

投資をしたことがない人は、「投資は怖い」という漠然としたイメージをもっているかもしれません。

しかし、**「怖い」のは知らないから。**本書の内容をしっかり理解すれば、「意外と大丈夫かも。いや、やらないのはもったいない」と感じてもらえると思います。

あとは、実行あるのみです。

次章からは、いよいよ貯金していたお金を、どんな投資信託の購入にあてればよいかを具体的に見ていきましょう。

第4章

貯金はゼロにして、すべて投資にまわそう

―「資産形成期」でやるべき具体的行動

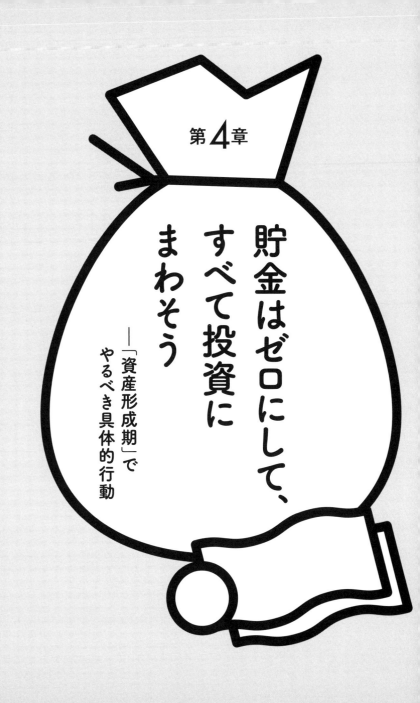

資産を築く2つのステップ

「資産形成期」と「資産運用期」

本章からは、いよいよお金を増やすための具体的なステップをあきらかにしていきましょう。

いちばんのポイントは、あなたの大事なお金を「貯金」に入れるのはやめて、投資（＝投資信託）にまわすこと。あとでくわしく述べますが、**具体的には毎月の収入の一定額を、投資信託を使って積み立てていくことになります。**

じつは資産を築き、お金のストレスフリーを実現するには、大きく分けて2つのステップがあります。

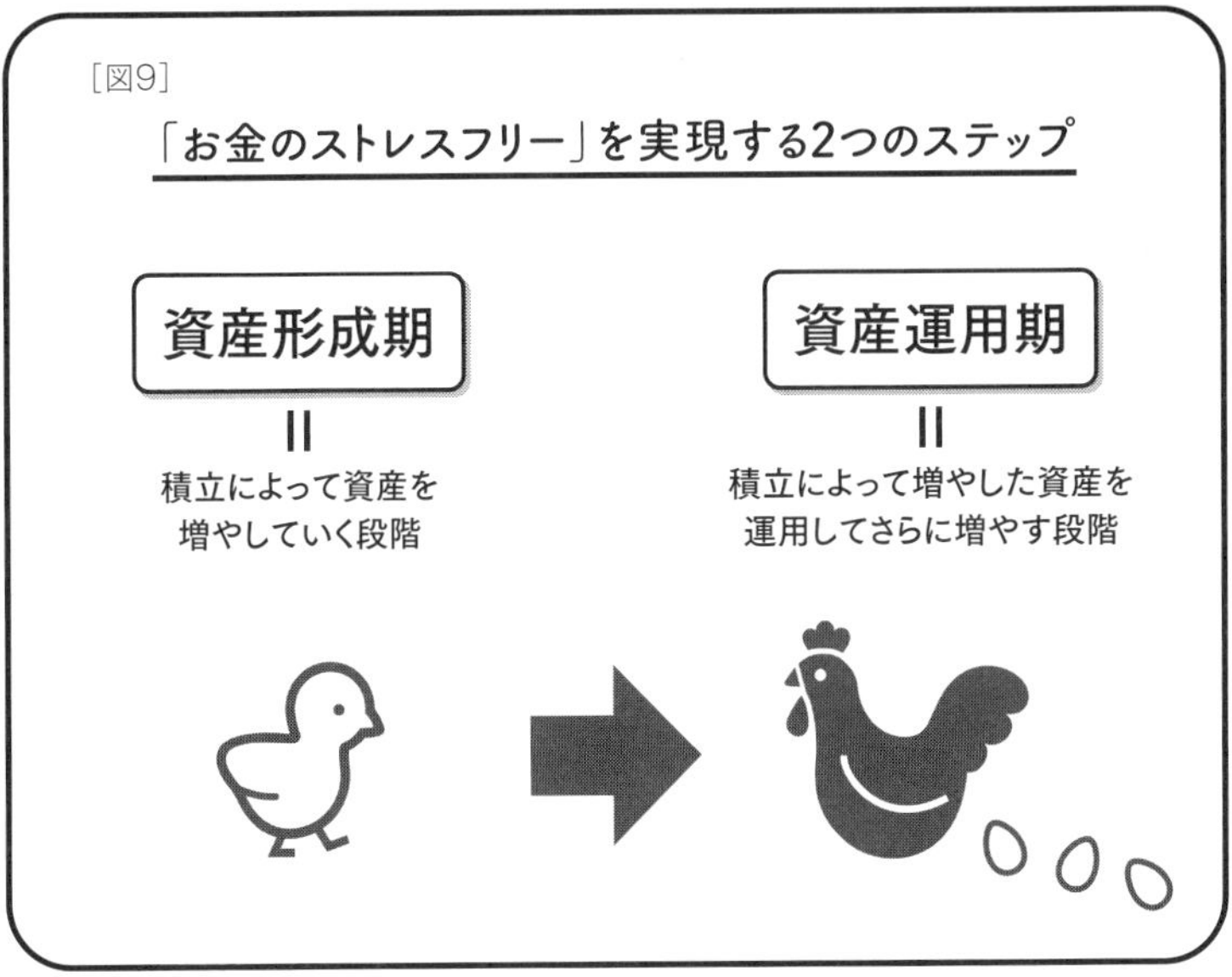

ひとつは積立によって資産の額を大きくしていく**「資産形成期」**。

もうひとつは、積立で大きくなった資産を活用して、さらにお金を増やしていく**「資産運用期」**です。

たとえれば、「資産形成期」は小さなひよこをにわとりに育てる段階。

「資産運用期」は成長したにわとりにタマゴを産ませる段階です（図9参照）。

「資産形成期」では、毎月の収入の一定額を、投資信託を使って積み立てていきます。

これから資産を築こうという人は、まずひよこをにわとりに育てることから始めてください。

また、すでに預金通帳にまとまった金額が入っているという人も、ぜひ投資信託の積立を習慣としてください。

この積立は、資産形成だけでなく、資産運用の礎となるものです。

ただし、ひよこを育ててにわとりにするだけでは、鶏肉としておいしくいただくことはできても、肉を食べきってしまったら何も残りません。

長期間にわたり、にわとりにタマゴを産ませることができれば、毎日のようにおいしいタマゴ料理で胃袋を満たすことができます。

さらには、順次、複数のにわとりを育ててタマゴを産ませれば、もっと豊かな食生活を送ることができるのです。

このように、にわとりにタマゴを産ませることができて初めて、「お金のストレスフリー」を実現できます。つまり、**積み立てた資産を別の投資先に移して、さらに運用益を得ることが、私たちの目標です。**

1億円の資産があってもつきまとう不安

なかには、「資産形成だけで十分。それ以上リスクはとりたくない」という人もいるかもしれません。

しかし、資産形成でいくらお金を増やすことができても、お金の不安から逃れることはできません。

誰もが自分の資産が減っていくのは気持ちのいいものではありません。たとえば、転職で新しい仕事を探している最中、貯金が減っていけば「このままではマズい」と危機感に襲われます。

定年後、貯金を取り崩して生活しているお年寄りも、同じような不安を抱いているのは想像にかたくありません。

じつは、1億円の資産をもっていても、このような感覚からは逃れることができません。コツコツと資産形成をしてきても、大きな買い物や病気、子どもの教育資金などで資産が目減りしていけば、心中穏やかではいられません。

仮に、定年時に1億円の老後資産があったとします。年金はもらえるとしても、いまの現役世代に支給される年金額はだいぶ少なくなっていることが予想されます。必然的に貯金を取り崩して生活することになるでしょう。

日に日に目減りしていく資産額……。これを目の当たりにすると、無性に不安に襲われるといいます。

これから何年生きるかわかりませんから、「これだけあれば絶対大丈夫」という額はわかりません。病気や介護で出費がかさむ可能性もあります。

お金の心配があると満足にお金も使えませんし、使えば使ったで、罪悪感を覚えます。残りの人生をお金の不安におびえながら生きることになるのです。

極端なことをいえば、1億円もっていても、1円でも減ればストレスや不安を感じます。それが人間なのです。

こうしたお金の不安から逃れるための最善の道が、にわとりにタマゴを産ませる「資産運用」です。

資産運用をしていると、定期的に収入が生まれます。たとえば、1億円の資産を年7%の利回りで運用できたとしましょう。

1億円の7%ですから、年700万円の収入。もちろん、これは不労所得です。利回り5%でも500万円。500万円の収入があれば、仕事をしていなくても世間の平均以上の生活レベルは十分に維持できるでしょう。

まさに、これがお金のストレスフリーの状態です。

もちろん、資産運用は若いときから始めれば始めるほど、生活にゆとりが生まれます。40代、50代で仕事をリタイアして趣味やライフワーク、家族を中心に据えた生活をすることも夢物語ではありません。

実際、私自身も「資産形成」と「資産運用」のステップを踏んで、30代半ばで「お金のストレスフリー」の状態を手に入れ、好きな仕事をしています。私のまわりのお金持ちにも、早々にリタイアして人生を楽しむ人がたくさんいます。

みなさんには「資産形成」で満足してほしくないというのが、私の願いです。「資産運用」まで実現して初めて、「お金のストレスフリー」を実現できるのです。

本章では投資信託を活用した「資産形成」について説明し、次章で次のステップである「資産運用」について紹介していきましょう。

「タネ銭をつくるために意識すべき「3つの使い道」」

手取り収入の20%を投資にまわす

資産形成を始めるためには、その元手となる原資（タネ銭）をつくらなければなりません。

あなたは貯金をいくらもっているでしょうか。

生活費の3か月分を除いた金額は、すべて資産形成のタネ銭となります。

もし現在、生活費3か月分の貯金がないなら、まずは貯金することが最優先事項です。そして、3か月分が貯まったら、毎月の収入の中から資産形成にまわす資金を確保する必要があります。

ここでは、タネ銭をつくるためのコツを紹介しましょう。
お金の使い道には3つあります。

①消費
人が生活していくために必要なお金。
食費、住居費、光熱費、交通費、通信費など、衣食住にかかわるもの。

②浪費
ムダ遣いしたお金。

ギャンブル代やキャバクラなどでの飲み代、タバコ代、たいして着ることなくタンスの肥やしになってしまった洋服代など。

③投資
自分の将来の目標のために使うお金。
セミナーや勉強会への参加費、資格取得のための学費、書籍代など。貯金や投資信託の積立にまわす資金も「投資」に含まれる。

では、毎月の収入を、どのような配分で3つに振り分ければいいでしょうか。
私の経験からいえば、次の割合をキープするのが理想です。

① 消費→70%
② 浪費→10%
③ 投資→20%

10%の「浪費」はOK

ポイントは、毎月の収入の20%を投資にあてること。
25万円の手取りであれば、5万円は投資にまわします。
ただ、確実に20%を投資にまわすには、ルールが必要です。
ついつい消費や浪費に使ってしまうのを避けるために、最初に投資にまわす分の金

額を確保することがコツです。自動的に積立されるようなしくみにしておくといいでしょう。

「残った分を投資にまわそう」と考える人もいますが、お金はあればあるだけ使いたくなるのが人情。気づいたら財布からなくなっているものです。

もうひとつ大事なのは、10%の浪費を許容すること。

お金を増やすのに「浪費は絶対にダメ」というイメージをもっている人は多いかもしれません。しかし、何事も生真面目にやりすぎると長続きしません。

ダイエットと同じで、無理をしすぎるとリバウンドしてしまいます。ときには息抜きも必要です。たまには飲み会に行ってストレス発散したり、大好きなスイーツを衝動買いしてもいいでしょう。

お金との付き合いは一生続きます。まったく浪費ができずにストレスをためれば、すべてが嫌になって暴発し、過度な浪費に走ってしまうかもしれません。ある程度の浪費は、自分に許してあげましょう。

「投資信託の積立投資」を始めよう

一喜一憂する必要のない投資法

タネ銭を用意できたら、それを元手にいよいよ資産形成を実践していきます。

先ほども述べましたが、**資産形成期に活用すべき道具は、「投資信託の積立投資」です。これを使って、ひよこを育てていきます。**

積立投資とは、金融商品を毎月一定の金額ずつ買い続けること。貯金を自動積立で貯めていくのと同じように、収入の一定割合を長期間にわたって毎月、投資信託に投資していくのです。

投資信託も、投資した金融商品の影響を受けて「基準価額」が毎日変動しています。短期的には値下がりすることもありますが、あまり気にする必要はありません。なぜなら、積立投資は長期投資を原則とするからです。

投資に二の足を踏む人の中には、「不景気になったら株価が下がって損をする」と心配する人もいます。

たしかに今後、2008年のリーマン・ショックや2020年の新型コロナウイルスによる暴落のような局面がいつ起きてもおかしくはありません。しかし、景気は循環するものです。景気がいい局面もあれば悪い局面もある。長期のスパンで見れば、山あり谷ありを繰り返して、世界経済は拡大を続けてきました。

世界経済にも大きなインパクトをもつアメリカの株価「ダウ工業株30種平均（ダウ平均）」は、長期的には右肩上がりを続け、1985年は1200ドルほどでしたが、2020年3月には2万5000ドルに達しました（図10参照）。

私たちが生きている資本主義という社会は、経済も市場も右肩上がりになることが前提になっています。

「いまよりも豊かな生活をしたい」というのが万国共通の願い。その思いが資本主義社会の原動力となり、世界の経済成長を後押ししているのです。

［図10］

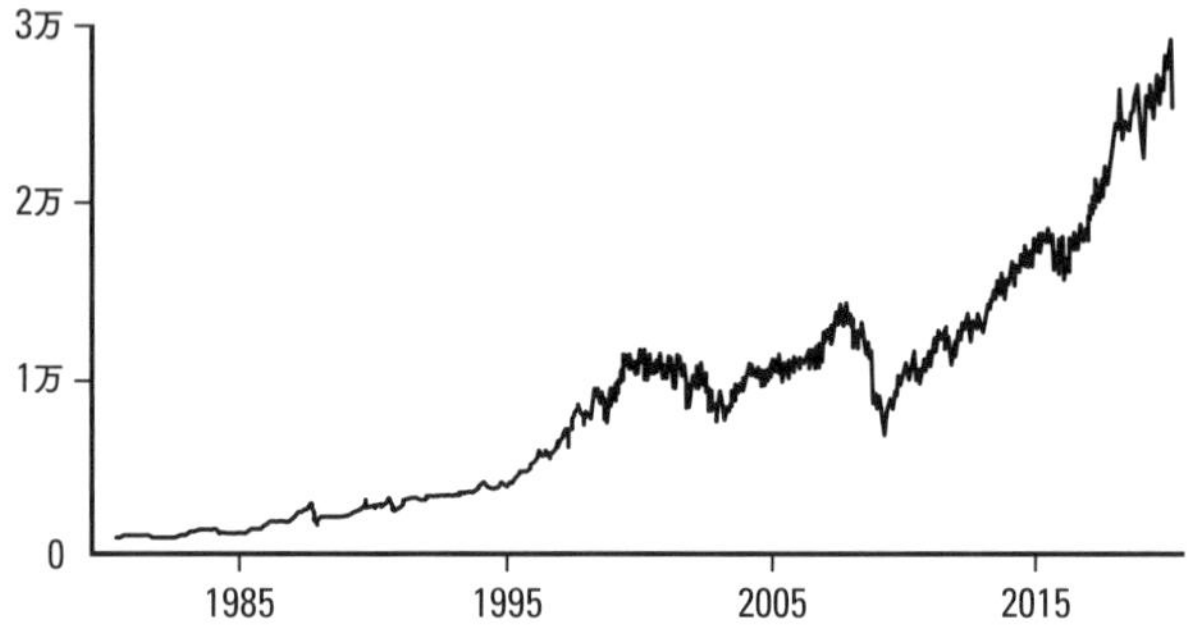

長期的に見れば、世界経済は一貫して成長を続けている

長い目で見れば、経済も市場も右肩上がりになる。その前提があるからこそ、長期投資は成り立ちます。

実際、私は10年以上、ある投資信託の積立をしてきましたが、年平均7％の利回りで資産が増えました。**ざっくりいうと、10年で元手が2倍以上になったのです。**もちろん、リーマン・ショック後など利回りがマイナスになる年もありましたが、トータルでならすと、毎年7％もの高利回りのメリットを享受してきたことになります。

新型コロナウイルスにより世界的に株価が暴落しましたが、長いスパンで見れ

ば利回りは回復すると考えています。

投資信託の基準価額の上下に一喜一憂する必要はないのです。

極端なことをいえば、買ったままほったらかしにしていてもかまいません。

私自身も、毎月一定額の投資信託を長期間にわたって購入しているので、短期で売買はしていません。月単位で資産状況をチェックすることはありますが、ほったらかしといえる状態です。

「投資していることすら忘れてしまうような投資」といっても過言ではありません。

講演会やセミナーで投資信託の積立のメリットを紹介すると、「ほったらかしにするるのも心配です」という声があがることもあります。

人間とは不思議なもので、あまりにラクにできると、逆に不安になるようです。とくに、これから資産を増やしたいという人は、やる気や知識欲が高まっている状態なので、あれこれと資産を動かしたくなる傾向があります。

しかし、投資信託の積立については余計なことをするのは禁物。**一度、積み立てを始めたら、しばらくは静観。それでOKです。**多少の値動きを繰り返しながらも、長期間で見れば資産は増えていきます。

毎月少額ずつ積み立てていくのは、一見地味なのであまり人気はないのですが、確実に資産を増やしていくことができます。

また、毎月安定して給与が入ってくる会社員にこそ、コツコツと資産を増やしていく積立投資は向いているのです。

50％：50％の配分でもOK

では、毎月いくらずつ積み立てればよいでしょうか。

先ほど手取り金額の20％を投資にまわしましょう、という話をしましたが、基本的に、投資にあてる金額すべてを投資信託への積立にまわしても問題ありません。

投資にまわせる金額が3万円であれば、投資信託の積立に全額入れてもOKです。

投資信託は元本割れするリスクはありますが、長期的なスパンで値上がりしている投資信託を選べば、過剰にリスクを恐れる必要はありません（のちほど、高利回りを続けている投資信託を4本おすすめします）。

また、すでに述べたように投資信託は換金するのに、それほど時間はかかりません。そもそも生活費3か月分の貯金がすでにあるなら、すぐに現金が必要になるケースはまれです。

それでも不安な人は、投資用のお金を一部貯金にまわしてもいいでしょう。たとえば50％：50％の配分から始めてみる。

投資にまわせる金額が4万円であれば、2万円が「投資信託の積立」、2万円が「貯金＋その他投資」という具合です。

ちなみに、私のアドバイスを受けて2年前に資産形成を始めた知人も、最初は毎月の余裕資金8万円のうち1万円の積立投資からスタートしました。というのも、彼の奥さんが財布を握っていて、「投資信託は怖い」と反対されたからです。

ところが、積立投資を始めた1年後には、元本割れすることなく投資信託も増えていき、奥さんから「4万円を投資信託にまわしてもいい」という許しが出たとのこと。彼はこのまま順調に増やしていければ、奥さんを説得して全額を投資信託にまわそうと目論んでいるそうです。

投資そのものがストレスになったら本末転倒です。まずは、ストレスにならない範囲で投資信託の積立を始めるといいでしょう。

まとまった資金がある場合、時期をずらして購入する

なお、すでにまとまった貯金がある場合は、どのように投資信託に資金を移していけばいいでしょうか。

注意したいのは、一気に全額を投資信託に突っ込まないこと。

投資信託の基準価額は上下します。もし下落がなかなか止まらない局面で投資信託を購入してしまうと、どんどん含み損が増えていくことになります。そうなると、やっぱり「投資なんてやめればよかったかも……」と不安になります。したがって、まとまった資金がある場合、時期をずらして投資信託を購入するといいでしょう。

たとえば、300万円の貯金を投資信託に移したいときは、毎月50万円ずつ購入するというように、購入時期を分散するのです。そうすると、一時的な基準価額の上下の影響をあまり受けることなく、リスクを減らすことができます。

積立投資に向いた投資信託の4つのポイント

無数にある投資信託からどれを選ぶか

では、いったいどの投資信託を選べばよいでしょうか。

いざ銀行や証券会社で積立投資用の投資信託を選ぼうとすると、その数の多さに圧倒されるかもしれません。投資信託は、さまざまな種類が発売されているので、どれを選べばよいか迷うでしょう。

もちろん、投資信託ならなんでもよい、というわけではありません。**長期の資産形成に適した投資信託と、そうでない投資信託が存在します。**

みなさんも「投資信託で失敗した」という話を、まわりの人やニュースで聞いたことがあるかもしれません。実際、投資信託が元本割れして投資資金を大きく減らした、という人は少なくありません。

銀行や郵便局で「貯金を投資信託にまわして資産を増やしませんか?」と誘われるまま投資をした結果、逆に資産を減らしてしまった、というのはよくある話です。**投資信託の中には、元本割れする商品や投資家からの資金が集まらず、つぶれてしまう商品もあります。**

一般論をいえば、ひと昔前まで日本の投資信託の多くは資産を増やすツールとしては不適当でした。銀行や証券会社が売買手数料を稼ぐためにごり押ししていた側面があったからです。

「老後資金をつくるために中国株ファンドを始めましょう」と一般投資家を勧誘する。中国株ファンドが値下がりしたら、「次のねらい目はブラジル株ファンドです。損を取り返しましょう」といって、また新しい投資信託をすすめる。ブラジル株ファンドも値下がりしたら、今度はロシア株、インド株ファンドを買わせる……。

そして、値下がりするたびにファンドから資金が流出するので、ファンドマネジャーの選択肢もかぎられ、ますますファンドはじり貧になっていきます。

銀行や証券会社は手数料で儲かりますが、購入した一般投資家は「投資信託は損するだけだ」という悪いイメージを抱くことになります。そうした悪評が広がり、投資信託を敬遠する人が増えたのも事実です。

しかし、手数料稼ぎの回転売買を防ぐために金融庁は「投資信託等の販売会社における顧客本位の業務運営」を指導するようになり、いい環境に変わりつつあります。

もし「投資信託に悪いイメージしかない」という人がいれば、フラットな視点で投資信託を見直してみてください。投資信託も商品や使い方によっては、資産を増やす強力なツールになることを理解していただけると思います。

では実際に、積立投資による資産形成に適した投資信託を紹介しましょう。

ポイントは、４つあります。

ポイント1：「バランス型・インデックス型ファンド」を選ぶ

最初のポイントは「バランス型・インデックス型ファンド」を選ぶことです。

安定した値上がりが望める投資信託を選ぶときのポイントは、さまざまな種類の金融商品が入っていることです。種類が多いほうが安定した運用を期待できます。

たとえば、日本株だけで運用する投資信託の場合、日本の株式市場の調子が悪いと、その運用成績も連動して悪くなります。

中国株に特化した投資信託の場合も、中国市場の上下に大きく左右されることになります。そうなると、大きく儲かる可能性もありますが、反対に大きく損する可能性もあります。

一方、日本株式や外国株式、日本債券、外国債券などがバランスよく入っていたらどうでしょうか。株式と債券の値動きは反比例するといわれるので、株式が落ち込んでも、債券でその損失をある程度カバーできます。

また、日本の株式が不調でも、外国の株式が好調であれば、穴埋めすることが可能です。そのほか不動産や金（ゴールド）などのコモディティなど、異なる値動きをする金融商品も含まれていれば、さらに安定した運用が期待できます。

このように投資先が多岐にわたり、安定した運用が見込める投資信託をバランス型ファンドといいます。

一方、インデックス型ファンドとは、何でしょう。

インデックスとは、「指数」を意味します。指数とは簡単にいえば、どれくらい増えたり減ったりしたかを比較するときの指標となる数字で、「日経平均株価」や「TOPIX（東証株価指数）」などもインデックスのひとつです。

インデックス型ファンドとは、そうした指数と同じ値動きをするようにつくられた投資信託です。

たとえば、「日経平均インデックスファンド」という投資信託は、日経平均株価とほぼ同じ値動きをするように設計されています。日経平均株価が1年で10％値上がりすれば、その投資信託も連動して約10％資産が増えるというわけです。もちろん、日経平均株価が下がれば、同じだけ投資信託も資産が減ります。

日本株式にかぎらず、外国株式、国内債券、外国債券、不動産、金（ゴールド）などに連動されたインデックス型ファンドも存在します。

これらは指数に連動するようにつくられているので、ファンドマネジャーの力量はほぼ関係ありません。ということは、指数の通り安定したパフォーマンスを得られます。

また、あとで触れますが、インデックス型ファンドは手数料が安いことも重要なポイントです。

このように、安定したパフォーマンスを出したければ、バランス型でなおかつインデックス型の投資信託を選ぶことが重要なのです。

ポイント2：購入手数料がゼロの商品を選ぶ

2つめは購入手数料がゼロの商品を選ぶこと。

投資信託を購入するときには、コストが発生します。

そのひとつが「購入手数料」です。

投資信託を購入するときは、投資金額の数%をその費用として販売会社に支払うのが通常です。なかには、3・5%かかる投資信託もあります。

しかし積立投資の場合は、毎月、投資信託を買い増していきます。ということは、購入手数料がかかると、毎月手数料をとられてしまいます。

もし購入手数料3・5%の投資信託を3万円ずつ購入する場合、毎回1050円も引かれてしまいます。いくら基準価額が上がっても、こんなにコストがかかれば、そのうまみは少なくなります。長期投資となれば大きな差となるので、わずかなコストでも見逃せません。

でも、安心してください。先ほど紹介したインデックス型ファンドは、購入手数料が無料のものがほとんどです。これを**「ノーロード」**といいます。

ポイント3：信託報酬が1％以下の商品を選ぶ

ポイントの3つめは、信託報酬が1％以下の商品を選択することです。

投資信託を購入するときにかかるコストには、「信託報酬」もあります。

信託報酬は、投資信託を保有している間ずっとかかる維持管理費のようなものです。低いファンドで年率0・2％くらい、高いファンドで3％くらいです。これもずっとかかるコストなので、長期で積立投資をする際は、低いものを選んだほうが有利といえます。

投資信託のコストのなかにはファンドマネジャーの報酬があります。ファンドマネジャーが自分で情報収集や分析をして選んできた金融商品で運用する投資信託の場合、その分コストがかかり、購入手数料や信託報酬が高くなります。

しかし、インデックス型ファンドの場合は、指数と連動するように設計されているので、ファンドマネジャーのコストはあまりかかりません。

したがって、インデックス型ファンドは、信託報酬も低く抑えられています。具体的には、信託報酬1%以下のファンドを選ぶといいでしょう。

ポイント4:「純資産残高」が増えていて、長期間運用されている

4つめは、「純資産残高」が増えていて、長期間運用されている商品を選ぶこと。積立投資をする際は、投資家からお金が入り続けているかどうかも重要なポイントになります。

積立投資は数十年単位の長期での運用を基本としています。投資家が解約してどんどん資金が流出してしまう投資信託では心もとないでしょう。お金が流出し続ければ、運用がストップしてしまうおそれもあります。

長期で積立投資をしている人が多い投資信託には、毎月資金が流入してきます。資金が流入し続けていれば安定して運用できますし、何より多くの投資家に支持され、解約する人が少ないということです。悪い投資信託には、長期でお金を預けようという人のお金が入ってきません。

多くの投資家に支持されている投資信託は、株価が暴落したときや景気が悪いときに資金が流出せず、逆に流入してきます。というのも、長期投資を前提としているので、基準価額が下がったときこそ「お買い得」という発想なのです。たとえば新型コロナウイルスによる下落局面でも資金があまり流出しなかった投資信託は、ねらい目といえます。

投資資金が安定して入ってきているかどうかは、「純資産残高」を見ればわかります。

投資信託の運用総額のことで、購入する人が増えれば純資産残高も増えていきます。そのため、その投資信託が優良かどうかを見極める大切な指標といえます。

優良な投資信託かどうかは、その運用期間を見てもわかります。利益を出し続けている投資信託には、コンスタントにお金が集まってくるので、長く運用することができるというわけです。

必見！ 資産形成に適した4つの投資信託、教えます

信託報酬も安く抑えられている

前項の条件を踏まえて、いよいよ、おすすめの投資信託を紹介しましょう。

次の4つは、投資初心者の資産形成に適しているといえます。

①セゾン・バンガード・グローバルバランスファンド（セゾン投信）

②マネックス資産設計ファンド（マネックス証券）

③SBI資産設計オープン（SBI証券）

④楽天資産形成ファンド（楽天証券）

いずれもインデックス型・バランス型ファンドです（図11参照）。

［図11］

オススメ投資信託はコレだ!

①セゾン・バンガード・グローバルバランスファンド
（セゾン投信）

購入手数料	信託報酬率（年）
ノーロード	0.57%（±0.02）
最低積立金額（月）	設定日
5,000円	2007年3月

②マネックス資産設計ファンド
（マネックス証券）

購入手数料	信託報酬率（年）
ノーロード	0.55%
最低積立金額（月）	設定日
100円	2007年1月

③SBI資産設計オープン
（SBI証券）

購入手数料	信託報酬率（年）
ノーロード	0.748%
最低積立金額（月）	設定日
100円	2008年1月

④楽天資産形成ファンド
（楽天証券）

購入手数料	信託報酬率（年）
ノーロード	0.55%
最低積立金額（月）	設定日
100円	2008年12月

購入手数料は無料で、自動的に毎月積立投資ができるように設定することができます。**最低積立金額は100円~5000円**なので、少額でも気軽に始めることも可能です。

また、これらの投資信託はいずれも、得られた利益を再投資する商品なので、複利効果を得ることができます。

投資信託には「分配型」といわれるものもあります。これは、得られた利益を投資家に定期的に分配するのが特徴です。投資家としては分配金をもらえるメリットがありますが、頻繁に分配すると再投資による複利効果が薄れてしまいます。分配型の投資信託は、時間を味方につける長期積立投資には向いていません。

なお、これらの投資信託は、運用会社と販売会社が一体になっているのもポイントです。投資信託を扱っている金融機関には「運用会社」と「販売会社」があり、これらは「メーカー（つくり手）」と「ディーラー（売り手）」の関係にあり、通常はディーラーが入ると、コストが高くなるものです。

先の4つの投資信託は「運用会社」と「販売会社」が一体なので、信託報酬などのコストも低く抑えられています。

おすすめの4つの投資信託、それぞれの特徴はココ！

「袋」が大きくなり続けている「セゾン投信」

4つの投資信託について、それぞれの特徴を見ていきましょう。

まずはセゾン投信から。

「セゾン投信」は2007年3月に設定された投資信託です。「長期・積立・国際分散」の三原則を掲げて運用されています。

セゾン・バンガード・グローバルバランスファンドは、原則として（国内・国外）株式と（国内・国外）債券の比率が50：50というシンプルな資産構成になっています。

値動きのある投資信託ですから、短期間で見れば基準価額の上下はありますが、平均して年7%の利回りで運用されています。

2019年3月末時点で、セゾン投信で投資信託を運用している投資家のうち97・8%が、運用損益がプラスです。

セゾン投信の最大の特徴は、運用資産総額（純資産残高）が一貫して増え続けていることです。なんと、2020年1月まで73か月連続で資金の流入超が続いています。同じようなカテゴリーのファンドの中で、トップの実績を誇ります。

運用開始時の運用資産総額は約9億円でしたが、2014年11月に1000億円、2017年10月に2000億円を突破、2020年2月には3000億円を突破しています。口座開設件数も14万件に上ります。日本では1000億円を超えると大規模のファンドとされますから、3000億円の資産規模は屈指の大きさを誇っています。

投資信託の「袋」の規模は、重要なチェックポイントです。資産規模が小さいと、満足なポートフォリオを組むことができなくなり、投資信託のメリットである銘柄分散ができなくなります。そういう意味でも、セゾン投信は十分に分散投資ができているといえます。

セゾン投信に投資資金の流入が続くのには、理由があります。

ひとつは、「長期の積立投資」というセゾン投信のポリシーを理解している投資家が多いこと。

積立によって資産を増やすのが目的の人が多いので、資金を引き出したり、口座を解約したりする人が少ないのです。

長期スパンで投資している人が多いので、株の暴落などで基準価額が下がったときに、逆に投資信託を買い増す動きが見られるのもセゾン投信の特徴です。

ほかの一般的な投資信託だと、大きく値が下がると、リスクを避けるために資金を引き揚げる動きが見られるのが常ですが、セゾン投信の投資家は「価格が安いいまがチャンス」とばかりにスポット（定期的な積立と違って自分が好きなタイミングで購入すること）で買い増すのです。

その結果、セゾン投信は2008年のリーマン・ショックなど大きく値下がりする局面がありながらも、運用資産総額が増え続けているのです。

資金流入が続くもうひとつの理由は、セゾン投信は自社販売を基本としている点です。セゾン投信の投資信託は、基本的に銀行や証券会社で購入することができず、投資家はセゾン投信から直接購入することになります。

そのため、社長や運用担当者、スタッフが全国でセミナーや説明会を開催し、直接セゾン投信のポリシーや魅力を伝え歩いているのです。ネット上で購入するよりも、社長や運用担当者の話を直接聞いたり、質問できたりするほうが、納得したうえで投資ができます。「顔が見える」という点が投資家の信頼につながり、資金が集まってくるのだと思います。

セゾン投信のデメリットをあげるとすれば、最低積立金額が月5000円から1000円単位という点です。ほかの3つの投資信託は月100円からなので、ずば抜けて高いですが、月5000円以上を積み立てにまわせるのであれば、大きなデメリットにはならないでしょう。

国内外のリートが組み込まれた「マネックス証券」

マネックス証券の「マネックス資産設計ファンド」は2007年1月に設定された投資信託です。

特徴は、国内外の株式・債券・リート（不動産投資信託）という世界の6資産に分散投資をおこなっている点にあります。また、資産配分の比率を、リスク水準を一定にするとの名目で年1回変更しています。

株と債券、不動産はそれぞれ異なる値動きをするので、組み込まれた資産の種類が多いほどファンドは安定するといえます。

信託報酬率は数年前まで1％を超えていて、4つのファンドの中では最も高かったのですが、現在は4つの中で最安値の0・55％まで下がっており、これまでに増して購入しやすくなったといえます。

そのほか、個人的な主観ではありますが、ネット上の取引画面が見やすくて使いやすいのもセールスポイント。初めてネット証券に挑戦する人には、使い勝手がよいか

もしれません。

また、ほかのネット証券会社に比べて、オリジナルレポートや動画解説など経済や金融、投資に関する情報発信が多く、投資の勉強をしながら積立投資をしたいという人には向いています。

気がかりな点は、純資産総額が100億円超から増えていないこと。減少もしていませんが、少しずつでも純資産総額が増え続けるのが理想です。

6つの資産に分散投資する「SBI証券」

2008年1月に設定された「SBI資産設計オープン」は、マネックス資産設計ファンドと同じく、国内外の株式・債券・リート（不動産投資信託）という世界の6資産に分散投資をおこなっています。ちなみに、**株式40%、債券40%、リート20%を基本構成として運用されています。**

なお、最近は6資産に新興国の株式や債券を組み込んだ8資産に分散投資するファンドも多くあります。分散投資の柱が増えるほど安定する面もありますが、新興国の株や債券は値動きが大きいため、かえって投資信託の基準価額も不安定になるケースがあるようです。長期投資を前提とする初心者には、新興国のリスクを積極的にとる必要はないでしょう。

信託報酬率は0・748%で、ほかの3つのファンドに比べると割高なのが玉《たま》に瑕《きず》。純資産総額は300億円前後を推移しています。

余談になりますが、第3章で触れた「株式優待券のタダ取り」(通称:優待クロス)をする場合、SBI証券は約定代金合計額が50万円以下は取引手数料が無料(プランによって違いあり)になるため、最も低コストで優待クロスをおこなうことができます。

ポイントを使って投資ができる「楽天証券」

2008年12月に設定された「楽天資産形成ファンド」は、おもに日本を含む先進国の株式・債券に分散投資しています。株式と債券の配分はおおむね50:50の割合です。信託報酬率は0・55%で、4つのファンドの中では最安値です。長期で積立投資をする条件としては有利といえます。

運用成績はほかのファンドと比べて遜色ありませんが、純資産総額は43億円程度と、4つのファンドの中では最も少額です。資産規模が小さいほど満足な分散投資がしにくくなるため、その点には留意する必要があります。


楽天証券ならではの特徴として、楽天スーパーポイントを保有していれば、100ポイント（100円）から投資信託を購入することができます。

自己資金を使うことなくポイントで投資ができるのは魅力です。投資初心者の人が投資の経験を積むために利用してもいいでしょう。まずは体験してみると、「意外と投資は怖くない」などと気づくことも多いはずです。


また、楽天カードを使って投資信託の積立をすると、決済額100円につき1ポイントが貯まるサービスもあります。100円〜5万円分まで自由に積立額を設定できます。

楽天証券で積立投資をするなら、クレジットカード決済にするとお得です。もし月5万円ずつ積み立てるとしたら、毎月500円分、年間6000円分のポイントがもらえます。

「イデコ」と「つみたてNISA」は積立投資の味方!?

最強の節税効果を生む「イデコ」

「これから長期で積立をする」という人は、2つの制度についてチェックしておく必要があります。

「iDeCo（イデコ）」と**「つみたてNISA」**です。

イデコとは個人型確定拠出年金のことで、いわば「自分でつくる年金」です。加入者が毎月一定の金額を積み立てて、投資信託などの金融商品で自ら運用します。

いちばんのメリットは、税制面で優遇されていること。積立金額のすべてが所得控除の対象となるため、所得税や住民税が節税できます。また、運用で得た運用益や利息も非課税。さらには、年金を受け取るとき「公的年金等控除」「退職所得控除」の対象にもなります。

イデコほど税金が優遇される金融商品はありません。節税の商品としては最強といえます。

イデコは会社員や公務員にかぎらず、自営業者や専業主婦も積み立てることができます（それぞれ月額の上限あり）。

税制面のメリットを考えれば、「投資」にまわす一部の金額をイデコに積み立てるのも賢い選択です。

ただし、注意しなければならないのは、60歳以降にならないと年金を受け取れない点です。基本的に途中で引き出すことはできません。ですから、老後資金を貯めるという目的にかぎられます。

途中で資金を引き出す必要がある場合は、イデコは避けるか、資金の一部の積立にかぎるといった選択をすることになるでしょう。

ちなみに、セゾン投信はイデコの取り扱いはしていませんが、セゾン投信が運用するファンドは、イデコの運営管理機関である楽天証券やSBI証券などの金融機関で購入することができます。

最長20年非課税になる「つみたてNISA」

投資信託を始めようと思うと、「NISA」（少額投資非課税制度）という言葉が目に入ると思います。簡単にいうと、株式や投資信託の分配金や売却益が非課税になる制度で、20・315％の税率が0％になります。

2018年には従来の「一般NISA」に加えて、「つみたてNISA」がスタートし、最長20年間が非課税期間となっています。分配金や解約したときの利益が非課税となります。

非課税の有利さではイデコに軍配が上がりますが、つみたてNISAは非課税期間中にいつでも自由に取り崩して現金化することが可能です。いざというときに換金できるのはイデコにはないメリットです。

つみたてNISAを活用して投資信託の積立をするという選択肢もありです。先ほど紹介した4つの投資信託では、いずれも「つみたてNISA」を活用できます。ただし、年間投資限度額は40万円なので、毎月の積立金額の上限は約3万3000円となります。

第5章でくわしく述べますが、「資産形成」から「資産運用」にステップアップする段階では、積立投資をしていた投資信託の資金を、別の投資信託に移すことになります。その際、つみたてNISAで積み立てた分は非課税となります。

ちなみに「つみたてNISA」と「一般NISA」は併用ができません。長期投資をするなら、「つみたてNISA」を選ぶことになります。

第5章

増えたお金を、さらに増やす方法

——「資産運用期」にやるべき具体的行動

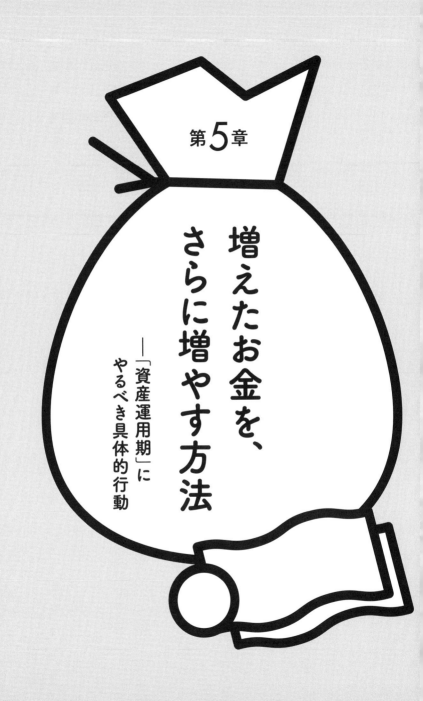

投資信託を移し替えて「タマゴ」を産ませる

にわとりの「タマゴ」で悠々自適な生活

前章では、「バランス型・インデックス型ファンド」に毎月積み立てることで、「資産形成」をする方法を紹介しました。

本章では、**積立で増やした資金をさらに増やす「資産運用期」**について説明していきます。大きく育てたにわとりにタマゴを産ませる段階です。

先述したように、インフレに負けないように資産を着実に積み立てていっても、そのお金を使ってしまえば、気分的には貯金を取り崩すのと大差ありません。お金をめぐるストレスや不安からは解放されないでしょう。

しかし、資産に働いてもらい、定期的な収入を生み出してもらうことで、そうしたお金の不安から逃れることができます。

たとえば、私の知人の投資家Eさんは、現在50代にして悠々自適のリタイア生活を送っています。

Eさんは会社員時代から徹底した節約に努めると同時に、コンビニで副業をしてお金を稼いでいました。そして、生まれた余裕資金を投資信託の積立投資にすべて投入しました。愚直なまでに「資産形成」に徹したのです。

その結果、特別な高給取りでなかったにもかかわらず、40代前半の頃には1億円を超える資産を築くことに成功したのです。

といっても、Eさんは単なる「貯金バカ」ではありませんでした。

はっきりとした目的があったのです。

それは貯めた1億円を元手に「資産運用」をすること。そして、運用したお金で大切な家族と一緒に過ごす時間を確保し、趣味の旅行に自由に出かけられる生活を手に入れることです。

Eさんは投資信託や個別株に投資することで、定期的に配当金（会社が得た利益の一部を株主へ支払うもの）を得られるようになりました。

たとえば、会社によっては株を購入すると、年1～2回、配当金を出してくれます。「1株あたり20円」の配当の場合、100株もっていると2000円を配当金としてもらえるのです。

Eさんは1億円を運用することによって、平均して年5％の利回りを出すことに成功しています。

1億円の5％は、500万円。年500万円の収入があれば、よほどのぜいたくをしないかぎり、あくせく働かなくても生活ができます。Eさんは趣味を活かした仕事をしていますが、実際に働くのは週に2日程度です。

重要なポイントは、1億円の元手を取り崩しているわけではないこと。あくまでも1億円が産んだタマゴで生活費を捻出しているのです。

もちろん、投資した商品の値動きによって資産額は増減します。市場が値下がりする局面になれば、含み損を抱えることもあります。

しかし、あくまでも配当金がねらいなので、株や投資信託を売って損を確定する必要もありません。「時間が経てば、価格も戻って含み損も解消するだろう」というスタンスです。Eさんはにわとりが産んだタマゴで悠々自適に暮らしています。まさに、「お金のストレスフリー」を地で行く生活です。

このEさんの例からもわかるように、「資産形成期」と「資産運用期」では、お金を増やすための道具が異なります。資産運用期に積み立てる「バランス型・インデックス型ファンド」は基本的に配当金が出ないので、資産運用期では、購入する投資信託を変える必要があります。

「お金のストレスフリー」を手に入れたいなら、「資産形成期」の株式や債券を中心とした「バランス型・インデックス型ファンド」への投資から、「資産運用期」に適した投資信託へと資金を移し替えることが肝となります。

まずは「スマホ代をタマゴで払う」のが目標

ただし、Eさんのエピソードを聞いて、あなたはこう思うかもしれません。

「Eさんのように、にわとりにタマゴを産んでもらう生活ができたら最高だ。でも、1億円を貯めるには長い時間もかかるし、それまでの道のりは簡単ではない。自分にはできないだろう」

たしかに、毎月の収入からコツコツ積み立てて1億円の資産をつくるのには、時間が必要です。積み立てる金額にもよりますが、数十年かかる可能性もあります。

「貯金さえそれほどできていないのに、資産運用の話をされても現実味を感じない」というのが本音かもしれません。

安心してください。

1億円を貯めなくても資産運用はできます。

結論からいえば、「100万円から」でOKです。

たとえば、「資産形成期」に投資信託の積立を毎月続けた結果、100万円が貯まったとします。もし毎月5万円ずつ積み立てたとしたら、単純計算で、20か月で100万円になります。基準価額が上昇傾向にあれば、もっと早く100万円に達する可能性があります。

100万円が貯まったら、もうひよこではなく、立派なにわとりです。タマゴを産むことができます。成長したにわとりにとって、いまの住みかは手狭なので、もっと広い住みかに移してあげる必要があります。

具体的にいうと、100万円が貯まったら、積み立ててきた投資信託から引き出し、そのお金で資産運用に適した投資信託を購入するのです。

資産運用に適した投資信託は、定期的に配当金が出るタイプのものです。この配当金こそが「タマゴ」です。

100万円で新たな投資信託を購入した結果、年6万円の配当があったとします。この場合、利回りは6%ということになります(6万円÷100万円×100)。

ポイントは、100万円の元手を減らすことなく定期的に収入が入ってくる点です(投資信託なので基準価額は上下します)。

年6万円の収入があったら何ができるでしょうか。毎月のスマホ代(5000円)くらいは払えます。つまり、不労所得でスマホ代をまかなえるのです。

実際に定期的な副収入を得てみるとわかりますが、スマホ代は毎月必ずかかる出費ですから、これを配当金でカバーできれば家計の負担はグッと少なくなるはずです。

もちろん、スマホ代でなくてもかまいません。光熱費でも子どもの習いごとにかかるお金でもいいでしょう。いずれにしても、配当金を得ることで家計の負担が軽減するのです。

配当金は「お金のストレスフリー」への第一歩

スマホ代を配当金でまかなうことは、「お金のストレスフリー」の第一歩といえます。配当金が出る投資信託を買い増していくことで、定期的に入ってくる不労所得も増加していきます。配当金でスマホ代が払えるようになったら、次は月々の電気代、次は水道代、次は駐車場代、次は食費……というように配当金でまかなう項目を増やしていきます。

最終的には家賃を含めて、まるまる生活費を配当金でカバーできるようになれば、仮に仕事を失っても、当面の生活には困りません。まさに「お金のストレスフリー」の状態です。

お金のストレスフリーとは、言い換えれば、「生活費を不労所得でまかなえる」と

いうこと。

最初から生活費の全部を配当金で払えなくても、段階を踏んで投資信託を買い増し、入ってくる配当金を増やしていく。すると、配当金でまかなえる家計の範囲が徐々に広がっていく。「お金のストレスフリー」は、0か100の世界ではなく、ステップを踏みながら実現できるものなのです。

私自身、定期的に入ってくる配当金で生活費のすべてをまかなえる状態にあります。そうなると、本当に気持ちがラクになります。好きな仕事やライフワークに専念しても食べていける環境は、日々の生活だけでなく、発想や思考、行動をも自由にしてくれる感覚があります。

100万円を元手に年6万円の配当を得るだけでも、お金の不安はかなり軽減するものです。**まずはスマホ代を配当でまかなうことを目標に資産運用をしてみましょう。**

不労所得はお金を増やすためのカンフル剤

投資信託から配当金を得ることは、まさに「お金がお金を生む」体験です。

私の経験上、スマホ代を配当金でまかなえる感覚を体験すると、人はがぜん「資産形成をがんばろう」という気持ちが高まります。

「スマホ代だけでなく、光熱費や家賃も配当金でまかなえるようになりたい」と、それまで遠い夢だった「お金のストレスフリー」が現実味を帯びてくるからです。そうなると、お金が貯まるスピードが加速します。

私の資産運用法を実践して配当金を得た人は、その後、たいてい月々の積立額を増やしています。

資産運用に対するモチベーションを上げるという意味でも、「資産形成」から「資産運用」にステージを変えるタイミングは、100万円貯まったときがベストです。これが1000万円だったら、お金をさらに増やそうという意欲がわきにくいでしょう。

だから、まずは100万円が貯まったら、配当が出る投資信託に移し替える。そして、資産形成に使っていた投資信託の積立を継続し、次の100万円が貯まったら、また資産運用の投資信託に移し替えて配当金をもらう。

これを何度も繰り返していくことで、不労所得でまかなえる家計の範囲が広がっていきます（図12参照）。

[図12]

100万円ずつ配当金が出る投資信託に移し替える

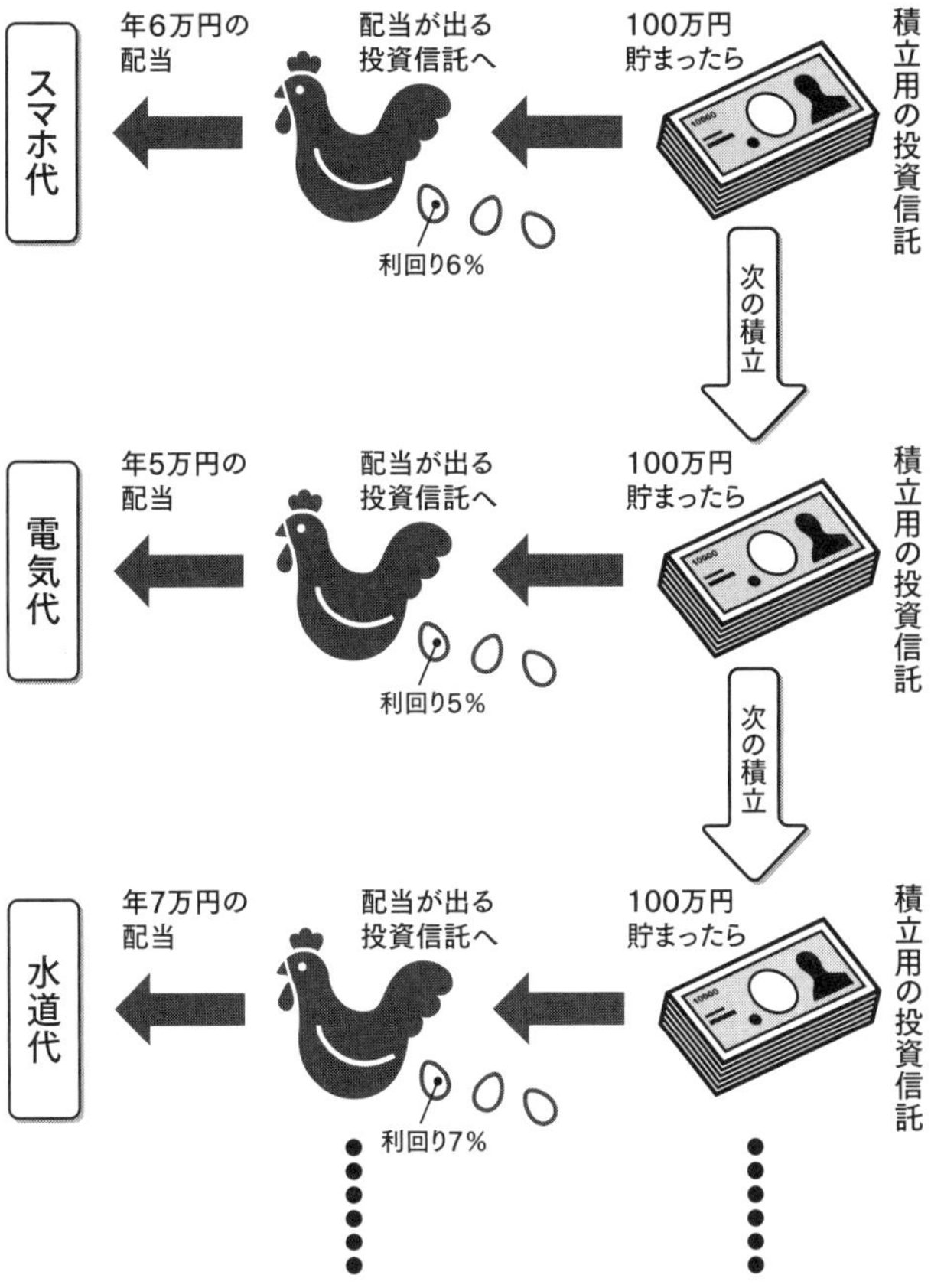

段階を踏んでお金のストレスフリー化

なお、すでにまとまった額の貯金をもっている人は、生活費3か月分の貯金を残して配当金が出る投資信託を購入してもいいでしょう。最初から資産運用をすることに抵抗のある人は、まずは100万円から始めるのもOKです（それも抵抗がある人は、まずは積立用の投資信託から始めるのもありです）。

ただし、注意すべきは、積立用の投資信託のときと同じように、一度にすべて資産運用の投資信託に移さないこと。基準価額が上下するので、購入時期をずらしたほうが値下がりのリスクを回避しやすくなります。

また、運用にまわす金額が大きい場合は、ひとつの投資信託を購入するのではなく、複数の投資信託に分散したほうが成績は安定しやすくなります。

「Jリート」に投資して配当金を得よう

「Jリート」は不動産の投資信託

さて、にわとりにタマゴを産んでもらうには、毎月積み立てていた投資信託を、どんな投資信託に移し替えればよいのでしょうか。

ズバリ、J-REIT（Jリート：不動産投資信託）に再投資するのが第一の選択肢です。Jリートとは、多くの投資家から集めた資金で、オフィスビルや商業施設、マンションなど複数の不動産などを購入し、その賃貸収入や売買益を投資家に分配する商品です。不動産に特化した投資信託と考えていいでしょう。

そもそもリートとは、「Real Estate Investment Trust」の略で、アメリカで生まれた投資のしくみです。日本では頭にJAPANの「J」をつけて「J-REIT」と呼んでいます。Jリートは証券取引所に上場されているので、個別株やETF（上場投資信託）と同じように市場で売買ができます。

「Jリート」の5つのメリット

「Jリート」のメリットは5つあります。簡単に見ていきましょう。

① 複数の不動産へ分散投資できる

Jリートの「袋」の中には、さまざまな種類の不動産が含まれています。多数の投資家から集めた巨額の資金を活用して、複数の不動産へ分散投資しているのです。当然、分散させるほど、リスクを軽減することができます。

② 少ない金額でも購入できる

通常、不動産へ投資するためには、多額の資金が必要になります。しかし、Jリートであれば、都内の一等地に建つ高層ビルや巨大な商業施設、自分ではとても手が出ないような高級マンションにも投資できます。

金額としては一部でも、「このビルも、あのビルも、私が投資している物件」という満足感を得られるのもメリットです。息子や娘に「あのホテルもお父さんが買っているんだぞ」と自慢できるのがうれしい、という投資家もいます。

Ｊリートのなかには2〜3万円から投資できるものも存在します。個人の投資家でも、少額から手軽に始めることができるのが魅力です。

③ 換金性が高い

Ｊリートは証券取引所に上場されているため、購入や売却の注文がいつでも可能です。また、日々変動する価格をリアルタイムで知ることもできます。

したがって、万が一まとまったお金が必要になったときでも、Ｊリートを売却して現金化することができますし、Ｊリートの価格が予想外に大幅に下がってしまったときは損切りすることも可能です。

④ 収益のほとんどが分配される

これがJリートのいちばん重要なメリットです。

Jリートは、利益のほとんどを投資家に分配するしくみになっています。実際の不動産に投資する場合と同様に、不動産からの収益を毎期の分配金（配当金）として受け取ることが可能なのです。

この点は、株式や債券を対象にした投資信託とは大きく異なります。

第4章で紹介した4つの投資信託を含め、株式や債券を中心とした投資信託の多くは、収益や分配金は再投資されます。これによって複利効果を得ることができるわけです。だから、基本的には投資家に配当金は払われません。

じつは、株や債券の投資信託の中には「毎月分配型」のファンドも存在します。毎月いくらかの分配金が支払われるので、投資家はお小遣いをもらっている感覚です。そのため、人気を集めている「毎月分配型」のファンドもありますが、これらの中には、元本を取り崩して配当している、いわゆる「タコ足分配」もあります。この場合、自分が投資したお金を毎月分配金として受け取っているだけ、ということになります。結局資産は増えていないのです。

その点、Jリートの場合は、投資した不動産からの賃貸料などが分配金の原資となります。だからタコ足になることなく、分配金を出すことができるのです。

⑤ 利回りの高い商品が多い

Jリートの多くは定期的に分配金が出ます。

たとえば、価格100万円のJリートが年2回、3万円ずつ分配金を出す場合、年6万円を受け取ることになります。このときの利回りは6%です。

投資の世界では、一般的に利回り3%を超える商品が「高配当銘柄」といわれます。Jリートには利回り3%を超える商品がたくさん存在します。

ひと昔前までは、利回りが高いものだと7~8%のJリートも存在しましたが、人気が出てきたことで利回りは下がる傾向にあります（分配金は変わらなくても、購入者が増えて基準価額が上がると、購入金額が高くなる分、利回りは下がります）。

そのような状況でも、現在も5~6%を超える優良Jリートは複数存在しています。

私の感覚では、いちばんのボリュームゾーンは3・5~4・5%の商品ですが、それでもほかの金融商品に比べて、はるかに利回りは高いといえます。

これだけ高利回りなら、Jリートに100万円の投資をして「スマホ代を稼ぐ」ことも十分可能でしょう。

いちばんのリスクは金利上昇

疑い深い人は、「高利回りということは、リスクも高いんじゃないの？」と不安になるかもしれません。Jリートのデメリットについても触れておきましょう。

不動産に投資する商品ですから、当然、不動産市場にまつわるリスクがあります。Jリートが保有する物件の賃料収入が減ったり、大きなテナントが出ていってしまったり、保有物件そのものの価格が低下したりすることによって、価格や分配金が変動する可能性があります。

また、多くのJリートは一般投資家の投資だけでなく、金融機関から借入をして資金調達をしています。この場合、金利の上昇局面になると、銀行への返済額が増えて収益に影響が及ぶ可能性があります。当然、それは価格や分配金の変動につながります。**影響度という点では、銀行の金利上昇がいちばんのリスクといえます。**

実際、Ｊリートは日々取引されているので価格が下がることもあります。たとえば、１００万円のＪリートが95万円になると、一般の投資家は不安になります。たしかに、もし1億円を投資していたら５００万円分も下がっているので、あせるのはもっともです。しかし、１００万円単位の投資であれば、一時的な値動きはそれほど気にする必要はないでしょう。

なぜならＪリートを利用した資産運用も長期投資が基本だから。長期間、一定の分配金を得るのが目的ですから、多少の値動きに一喜一憂する必要はありません。

２０２０年、新型コロナウイルスの影響で、Ｊリートの基準価額も大幅に値下がりしましたが、長いスパンで見れば、安くＪリートを購入できるチャンスともいえます。コロナウイルスで大型テナントが撤退するとなれば問題ですが、ウイルス問題がいずれ収束すれば基準価額も戻るでしょう。

「不動産バブルが弾けて利回りが下がるのではないか」と心配する人もいます。上昇を続けてきた不動産価格が将来下落することは、十分にあり得る話です。

そうなると、いちばん影響を受けるのは、個人で投資用不動産を所有している投資家です。不動産不況になると、空室が埋まらなかったり、安く買いたたかれたりすることもあるでしょう。

しかし、Jリートの場合、「袋」の中身にもよりますが、都市の一等地のビルや商業施設に投資していれば、不動産不況になっても大きな影響は受けにくい。東京駅近くにある一等地のビルのテナントが埋まらないとは考えにくいですから。

また、不動産不況になっても、物件の価格が下がる可能性はありますが、家賃はそれほど下がらないものです。その点、おもに家賃収入を収益源としているJリートは影響を受けにくいといえます。

もっといえば、不動産不況になって仮にJリートの利回りが半分になったとします。しかし、利回り6％のJリートであれば、まだ3％の利回りがあります。そういう意味では、高配当銘柄であることに変わりはありません。

利回りが3％を割ったときこそ、本当に撤退を考えるタイミングです。

総じていえば、ほかの金融商品に比べてJリートのリスクは低いといえます。長期投資を前提としているなら、あまりナーバスになる必要はありません。

それよりも重要なのは、「どのJリートを選ぶか」です。

次項では、資産運用に適した優良Jリートを見分けるポイントをお伝えしましょう。

タマゴを産む「Jリート」の選び方

「Jリート」を選ぶ際の3つのポイント

Jリートにもたくさんの種類があります。60以上あるJリートの中から、どの商品を選べばよいでしょうか。ポイントは3つです。

①配当利回りは高いか

いちばん重要なポイントです。

配当利回りは、できるだけ高いほうが分配金（タマゴ）を多く得ることができます。

先ほど述べたように、3％以上が高配当銘柄といえますが、現在のJリートは3％

を割り込んでいるものはわずか。ほとんどが3％以上の利回りを誇っています。

ですから、現実的には「利回り6％以上を選ぶ」というように下限の数字を決めるといいでしょう。

「毎年いくらの分配金がほしいか」という数字から逆算するのもひとつの方法です。「毎月5000円（年6万円）あればスマホ代をまかなえるから、利回り6％以上のものを選ぼう」という具合です。

利回りは低下傾向とはいえ、いまでも利回り5％以上の優良Jリートは存在します。私の経験からいえば、「利回り5〜6％」がひとつの目安となるかもしれません。

② 割安かどうか

Jリートの価格が割安か割高かを知るための指標があります。

これを「NAV倍率」といいます。「Net Asset Value」の略で、日本語で「純資産価値」のこと。株式投資における「PBR（株価純資産倍率）」に相当する指標です。

NAV倍率は、純資産の総額を投資信託の発行口数で割って計算することにより、割高か割安かを判断できます。

簡単にいうと、NAV倍率は1より少なければ割安で、1より大きければ割高といえます。たとえばNAV倍率が0・9倍ということは、「1万円が9000円で売られている」ことを意味します。必ずしも1を下回るJリートが優良とはかぎりませんが、NAV倍率が1を下回るかどうかは、銘柄を選ぶ際の基準のひとつとなります。

③ 時価総額が大きいか

時価総額とは、Jリートの資産を時価評価したものです。時価総額が大きいほど多くの投資家が投資をしていることをあらわしています。

時価総額はピンからキリまであり、最も時価総額が大きいJリートは8000億円を超えている一方、150億円程度のJリートも存在します。

時価総額の大きいJリートは値動きが安定しやすく、逆に、時価総額が少ないJリートは値動きが不安定になる傾向があります。後者は、特定の投資家や物件の影響を受けやすいのです。最悪、分配金が減るリスクもあります。

そういう意味では、時間総額の高いJリートのほうが安心です。仮にひとつの物件でトラブルが生じたときも、ほかの物件でカバーすることができます。

ポータルサイトで優良Jリートを探す

「①配当利回り」「②NAV倍率」「③時価総額」などの指標については、一つひとつ調べなくても、ポータルサイトや証券会社のホームページなどで絞ることができます。ここではJリート投資をおこなううえで便利なサイトを紹介しておきましょう。

・JAPAN-REIT.COM（http://www.japan-reit.com）

同サイトでは、Jリートに関する情報やニュースのほか、各Jリートのデータが網羅されています。配当利回りやNAV倍率、時価総額なども、高い順、低い順にソート（並び替え）することも可能です。

投資するJリートを探すうえで大変使い勝手のよいサイトであると同時に、情報も充実しているので、資産運用をする人は、ぜひブックマークしてみてください。

初心者は「総合型」から

「①配当利回り」「②NAV倍率」「③時価総額」の基準でJリートを絞り込んだら、いよいよ投資する銘柄を決定します。

このときのポイントは、候補に残っているJリートがどんな不動産に投資しているのかを確認することです。

Jリートには、それぞれ特徴があります。商業施設に特化したもの、オフィスビル主体のもの、ホテルに特化したもの、住宅主体のもの、倉庫などの物流施設に特化したもの……などなど。そのほか、さまざまなジャンルの不動産に広く投資する「総合型」のJリートもあります。

もし初めてJリートを購入するのであれば、偏りのない「総合型」のJリートのほうが安心です。複数の柱があるので経済環境の影響を受けにくいからです。

いくつか総合型のJリートを購入して、慣れてきたら、特定の不動産に特化したJリートに挑戦してみるといいでしょう。

毎月、もうひとつの給料日がやってくる！

先ほど100万円の資金が貯まった段階でJリートに投資する、という話をしましたが、実際、100万円あると複数のJリートを購入できます。

いちばん高いリートは「日本ビルファンド投資法人」で、60万円以上します(2020年4月現在)が、30万円以内で購入できるリートも数多く存在します。たとえば、20万円程度のリートを5つ購入するといったこともできます。

Jリートの組み合わせを考えながら、100万円をどこに投資していくのかを考えるのも、Jリート投資の楽しみといえます。

ただ、「むずかしくてわからない」「考えるのが面倒だ」という人もいるでしょう。そんな人におすすめしたいのが、「REIT‐ETF」です。

Jリートが発行する投資証券に分散投資するETF(上場投資信託)です。ETFもJリートと同様、上場されているので株式市場で売買できます。

いちばんの特徴は、複数のJリートが詰まった「袋」を購入できる点です。

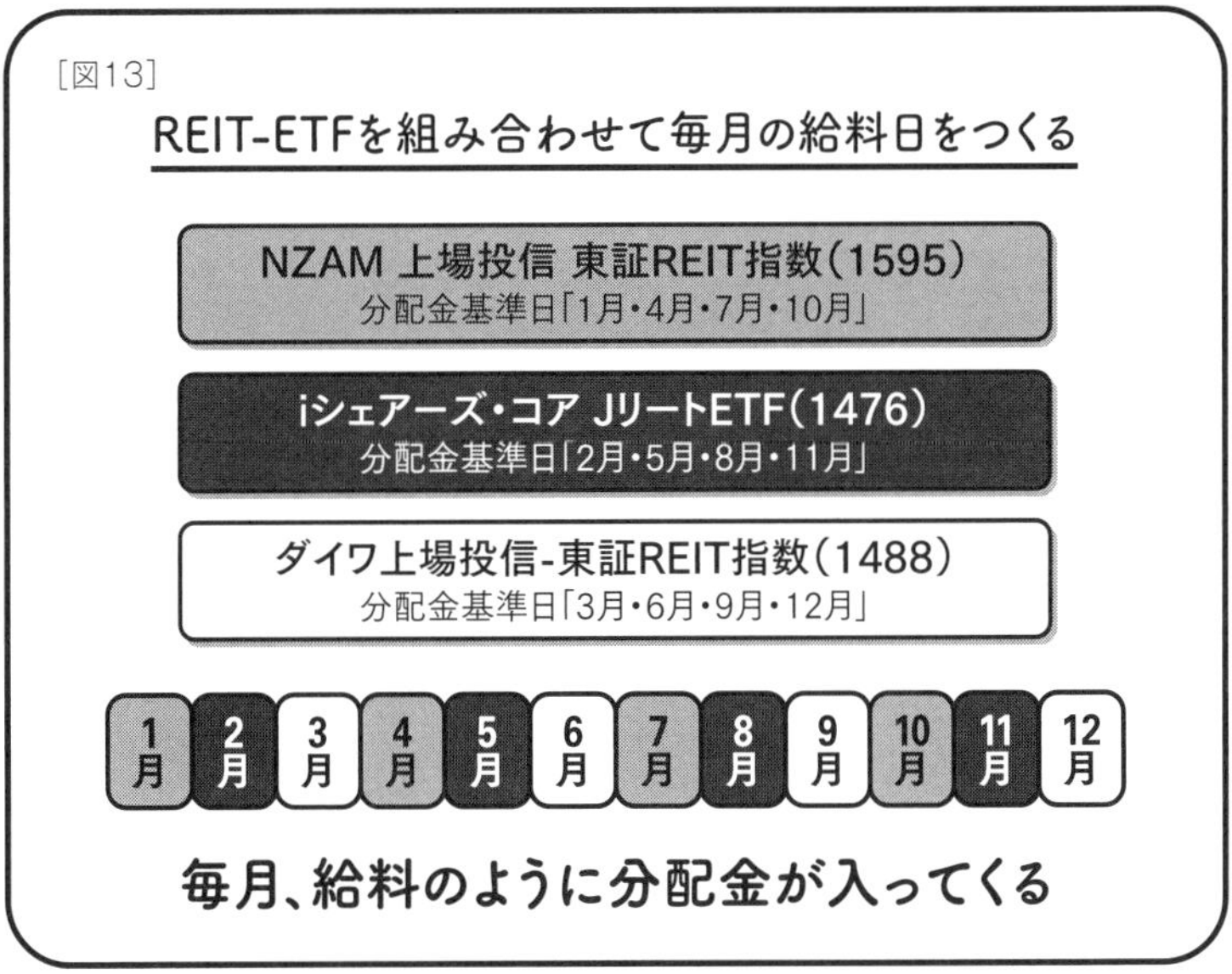

Jリートを購入することは、それ自体が分散投資になりますが、複数のJリートに分散して投資することで、さらなる分散を図ることができるのです。

Jリートに初めて投資する人は、REIT－ETFを選択肢に入れてもいいでしょう。

ちなみに、上の3つのREIT－ETFを購入すると、それぞれ分配金が支払われる月が異なるので、毎月分配金をもらうことができます（図13参照）。

まとめて分配金が入ってくるよりも毎月一定の収入があるほうが、毎月給料日がやって来るようでうれしく感じます。

Jリートを購入するときは、毎月分配

がおこなわれるような組み合わせにすることをおすすめします。

Jリートを組み合わせてオリジナルの「袋」をつくる

REIT－ETFではなく、個別のJリートを自分で組み合わせるという方法もあります。Jリート投資に慣れてきたら、自分が気になる銘柄をピックアップしてオリジナルの「袋」をつくってみましょう。

次の5つは、私が考えた組み合わせの例です。いずれも10万円以下の価格で購入できると同時に、高い利回りを期待できます。参考にしてください。

【事業所主体】　インベスコ・オフィス・ジェイリート投資法人（3298）
【ホテル主体】　インヴィンシブル投資法人（8963）
【総合型】　投資法人みらい（3476）
【ホテル主体】　ジャパン・ホテル・リート投資法人（8985）
【住居主体】　大和証券リビング投資法人（8986）

「高配当株」も選択肢に入れる

JTの配当利回りは6%

最後に、少し上級者向けのお話をしましょう。

成長したにわとりを1000万円ずつJリートによる運用にまわすことを繰り返していると、いずれ手詰まり感を覚えることがあります。

資産運用の資金が1000万円を超えるくらいになると、投資すべきJリートの駒が少なくなってくるのです。もちろん同じJリートをどんどん買い増していくという手もありますが、分散投資という意味では、どうしても偏りが生じてしまいます。

そもそも不動産ばかりに投資していること自体、分散投資のポリシーに反することになります。

「そろそろ購入するＪリートがなくなってきた」と感じるようになったら、個別株への投資にチャレンジしてみましょう。

といっても、何でもよいわけではありません。**条件は「高配当銘柄」です。配当金を多く出してくれる株を購入するのです。**

株の配当金とは、企業が上げた利益の一部を、オーナーである株主に還元すること。すべての企業が配当金を出すわけではなく、出す企業と出さない企業があります。日本では年に1～2回（本決算と中間決算の時期）もらえるケースが一般的です。

たとえば、ＪＴ（日本たばこ産業）などは代表的な高配当銘柄で、配当利回りは約6％です。そのほか、大手銀行や大手商社、スマホの三大キャリアなども高配当銘柄として知られています。

高配当株を見極める4つのポイント

では、具体的に高配当株を見極めるポイントを見ていきましょう。

① 配当利回り

配当利回りは、次の式で計算できます。

配当利回り（％）＝1株あたりの配当金÷現在の株価

たとえば1株あたりの配当金が20円、株価が500円だとしたら、配当利回りは4％になります。個別株の配当利回りは、通常は1～2％台が多いのですが、資産運用をするには物足りない数字です。やはり高配当銘柄の基準とされる3％をクリアしていることが絶対条件となります。

② 配当性向

配当性向とは、その期の純利益（税引後利益）の中から、配当金をどのくらい支払っているかをパーセンテージであらわしたものです。

やっかいなのは、単純に「配当性向が高い会社＝投資家にとっていい会社」とはかぎらないこと。配当性向が低い会社は、将来の成長のために投資にまわしているのかもしれません。配当性向は高いからよい、というものではありません。パーセンテージが高い会社は、将来支払いの余力がなくなり、減配（配当金が減ること）になる可能性があります。「配当性向70％以下」をひとつの基準にするとよいでしょう。

③ 増配・減配

配当を増やすことを「増配」、減らすことを「減配」といいます。配当金の増減は、直接、配当利回りの数字に影響してきますから、「増配」もしくは「現状維持」を続けている会社が理想です。「20年間、40円の配当金を続けている」という企業は、安定した企業として評価できます。

たまに「創業50周年記念」などの理由で、単年で高配当を出している会社があるので要注意。時系列で配当金の動きを見ることが大切です。

④ 事業内容

その会社の事業内容を知っているかどうか、です。

配当目当ての長期投資といえども、個別株ですから株価の上下があります。もし大きく下がったときに、事業内容も知らない会社だと不安が倍増します。パニックになって売却し、大損を出してしまう可能性もあります。

事業内容を知っていたり、自分もその会社の商品やサービスを利用したりしていれば、案外冷静に判断ができるものです。

以上、4つのポイントからソートをかけていくと、だいぶ銘柄を絞り込むことができます。あとは予算と相談しながら、候補として残る銘柄の中から選ぶだけです。

その際、ほかの投資と同じように分散を心がけましょう。

たとえば、三菱ＵＦＪ銀行と三井住友銀行の両方を買うと、業界が偏りすぎます。ひとつは金融以外の銘柄を選んだほうが分散になり、リスクを軽減できます。

最終章

お金は「使う」から価値をもつ

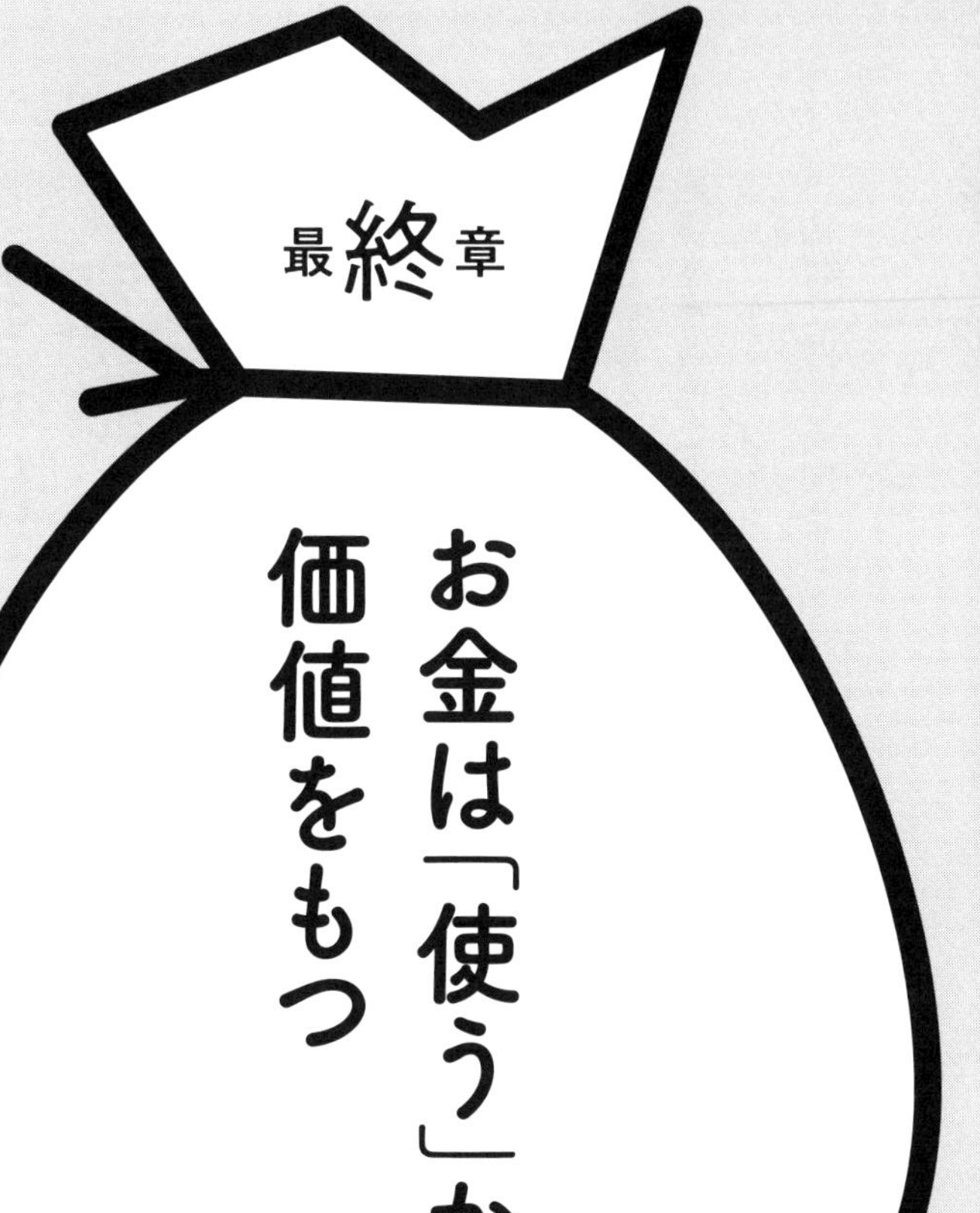

「お金は「使う」ところまで意識しよう」

死の直前までお金を増やそうとした父

ここまで「貯金バカ」から脱して、「お金のストレスフリー」を実現するためのステップを説明してきました。

お金を貯めるなら、「使う」ところまでイメージする必要があります。なぜなら、お金を貯めるだけの生活は、やはり豊かな人生とはいえないからです。**いかに限られた資産を有効に使うか、それが人生の充実度につながるはずです。**

私の父は株式投資が趣味でした。

晩年、余命3か月と宣告されたにもかかわらず、病床でも株式投資に明け暮れていたほどです。

1月3日に亡くなったのですが、残されたメモ用紙には、年末の大納会に購入した株と、その展望が記されていました。まさに、死の直前までお金を増やそうとしていたのです。

父にとって株式投資は、趣味を通り越して生きがいだったのかもしれません。いま振り返れば、父らしい人生だったとも思います。

しかし、それでもなお、完全に納得しきれていない自分もいます。

せっかく投資で増やしたお金なのですから、父自身や母親のために使ってほしかったと、いまでも思います。

お金を貯めた手段は株式投資でしたが、もしかしたら父も「貯金バカ」の一種だったのかもしれません。

一方、私の母は気持ちよくお金を使う人です。

決して派手に浪費をするわけではありませんが、貯めたお金を趣味の旅行やスパ、エステなどに使いきるタイプです。

そのためか、傍から見ていても、いつもイキイキと楽しそう。充実した人生を送っていると感じます。

「好きなこと」にお金を使えるようになる

そんな両親を見て、あらためて感じたのは、お金は「使う」ほうが人生の幸福度が増すということです。

漫然と貯金をしている人生よりも、自分の好きなことや、やりたいことにお金を使う人生のほうが充実するはずです。

ただ、お金を使いすぎる人生も不幸です。

いつもお金の不安にとらわれながら暮らすのは苦痛です。借金返済に追われるようになったら、まさに地獄でしょう。

だからこそ、お金を増やしながら、賢く使っていくことが大切なのです。

その解決策のひとつが、本書で紹介した「お金のストレスフリー」を実現するステップです。

積立で資産形成をしながら、同時に資産運用もして家計の負担を減らしていく。投資で得た配当金で家計の一部をまかなうことができれば、その分、自分が好きなことやりたいことにお金を使うことができます。

けっして派手な暮らしができるわけではありませんが、充実した贅沢な時間を過ごすことはできるはずです。お金は使うからこそ価値をもつのです。

本書を読んだ人は、本当にラッキーです。

人口減少社会に突入している日本では、ここからさらに経済が縮小し、会社の給料も減少傾向になることが予想されます。

ますます、お金持ちになるのがむずかしい社会になっていくでしょう。

しかし、本書で紹介した方法なら、誰でもお金持ちになれる可能性があります。

億万長者になるには、それなりに長い時間やお金儲けの才能が必要になりますが、確実に資産を築き、使えるお金が増えていきます。

にわとりの産むタマゴが増えるたびに、「お金のストレスフリー」に近づいている
ことを実感するはずです。
さあ、いまこそ「貯金バカ」を卒業し、お金のストレスから解放される第一歩を踏み出しましょう。

2020年5月
田口　智隆

著者プロフィール

田口智隆（たぐち・ともたか）

1972年埼玉県生まれ。投資家。株式会社ファイナンシャルインディペンデンス代表取締役。大学卒業後、学習塾の講師となるも、連日飲みに行き借金が膨らむ。28歳のとき、父親が病に倒れたのを機に、父親が経営する保険代理店に入社し、地域ナンバーワン代理店に成長させる。また、徹底した節約と資産運用により、自己破産寸前まで膨らんだ借金をわずか数年で完済。その後は「収入の複線化」「コア・サテライト投資」で資産を拡大。34歳のときに独立する。現在、その経験を活かしマネー・カウンセリングをおこなう一方、日本全国でセミナー活動を積極的におこなっている。

著書は、『28歳貯金ゼロから考えるお金のこと』（KADOKAWA）、『11歳のバフェットが教えてくれる「経済」の授業』（フォレスト出版）、『お金が貯まらない人の悪い習慣39』（マガジンハウス）、『なぜ賢いお金持ちに「デブ」はいないのか?』（水王舎）、『即断即決』『入社1年目のお金の教科書』（きずな出版）など、累計90万部を超える。

おカネは、貯金に頼らずに守りなさい。
―「将来が不安……」がなくなる唯一の具体的方法

2020年6月30日　第1刷発行

著　者　　田口智隆

発行者　　櫻井秀勲
発行所　　きずな出版
東京都新宿区白銀町1-13　〒162-0816
電話03-3260-0391　振替00160-2-633551
http://www.kizuna-pub.jp/

編集協力　高橋一喜
ブックデザイン　池上幸一
印刷・製本　モリモト印刷

ISBN978-4-86663-110-3

きずな出版